1889

LES

ARTISTES CÉLÈBRES

A. L. BARYE

PAR

ARSÈNE ALEXANDRE

OUVRAGE ACCOMPAGNÉ DE 32 GRAVURES

LES

ARTISTES CÉLÈBRES

A. L. BARYE

PAR

ARSÈNE ALEXANDRE

PARIS
LIBRAIRIE DE L'ART
29, CITÉ D'ANTIN, 29

ANTOINE-LOUIS BARYE

CHAPITRE PREMIER

Les origines de Barye. — Son apprentissage technique. — Son passage dans les ateliers de Bosio et de Gros. — Le second prix de gravure en médailles : *Milon de Crotone*. — Échecs successifs aux concours académiques. — Barye entre chez Fauconnier. — Caractère révolutionnaire de ses études d'après nature. — Les premiers envois au Salon. — Le *Tigre dévorant un crocodile*. — Genèse du talent de Barye.

MILON DE CROTONE.
(2e prix de gravure en médailles, 1819.)

Tout révolutionnaire, pour mériter le nom de grand, doit être double : il faut qu'il y ait en lui l'homme qui déblaie et l'homme qui édifie. Seulement, si, dans l'ordre politique, souvent les révolutionnaires se dédoublent, si l'on assiste à trop de révolutions stériles, en art c'est un phénomène impossible. Les deux opérations y sont toujours simultanées. Un artiste ne démolit qu'à coups de créations, et chaque création géniale est la plupart du temps une révolution inconsciente. On voit alors les écoles s'appuyer vainement sur les traditions qu'elles conservaient en les affaiblissant. L'art se renouvelle et rajeunit sans cesse, et l'on ne s'oppose pas plus à sa féconde poussée, que la morte écorce ne résiste au bourgeon qui la perce.

Mieux que de longues dissertations, l'étude de la vie et de l'œuvre d'un artiste véritablement créateur fera comprendre ce que nous voulons affirmer.

Antoine-Louis Barye est né à Paris, le 24 septembre 1796. Sans exagération, l'on peut dire qu'il a commencé sa vie plus tôt que les autres, et, dès qu'il a été en âge de raison, il n'a rien dû à personne. Éducation, talent, pensée, tout cela s'est développé spontanément, par la seule force d'une nature généreuse, d'un tempérament robuste.

Le père de Barye était orfèvre à Paris; il avait épousé une demoiselle Claparède, d'une famille de robe. Il ne paraît pas que l'état de ses affaires lui ait permis de s'imposer de longs sacrifices pour l'éducation de son fils, car, dès l'âge de treize ans et demi, celui-ci entrait comme apprenti chez Fourier, un graveur pour équipements militaires. N'ayant suivi les cours d'aucun collège, il possédait alors le strict nécessaire des connaissances utiles à un bon ouvrier. La seule curiosité de son esprit devait plus tard le pousser aux sérieuses et fortes lectures, au point de faire de ce jeune garçon, voué à l'ignorance et aux besognes obscures, ce que les gens du XVIIe siècle appelaient un « honnête homme ».

Sans vouloir appliquer ici la théorie démodée des causes finales, on peut dire toutefois que cet apprentissage de graveur ne lui fut pas inutile. Là, comme dans l'atelier de l'orfèvre Biennais, où il exécuta des matrices en acier pour les *repoussés*, il acquit une première dextérité de main, un maniement des multiples outils qui vainquent la résistance des métaux et permettent à l'homme de les assouplir au gré de sa fantaisie.

Cette éducation manuelle, que Rousseau demandait pour tout citoyen, quelles que dussent être sa profession et sa place dans la société, est pardessus tout nécessaire à l'artiste. Il faut qu'il se sente à l'aise en travaillant, et que jamais il ne risque de voir l'inspiration arrêtée par quelque mesquine difficulté technique. Il ne devrait avoir à lutter qu'avec sa pensée; en un mot, il ne saurait s'exposer à être trahi ou retardé par sa main. Cette éducation matérielle manque parfois, de nos jours, d'une manière flagrante, à des artistes supérieurement doués. Chez Barye, elle fut complète; nous aurons plus d'une occasion de signaler les services qu'elle lui rendit.

Un moment, cette carrière d'ouvrier se trouva interrompue. C'est en 1812; la guerre, terrible mangeuse d'hommes, exige maintenant l'appoint des enfants, et Barye est pris par la conscription à l'âge de seize ans. Il entre dans la brigade de topographie et ensuite dans les sapeurs du génie. Quelques-uns de ses biographes ont dit qu'il fit là ses débuts

BARYE.

Dessin de A. Gilbert, gravure de Desmoulins.

dans la sculpture. Simple façon de parler, si l'on peut appliquer le nom de sculpture au travail de modelage des plans en relief.

Ce qui est plus sérieux, c'est qu'aussitôt libéré du service militaire, après la capitulation de Paris, ce qui avait été auparavant un instinct devint un goût décidé. A l'âge de dix-neuf ans, Barye commença sérieusement, passionnément, à se mettre à l'étude du dessin, et cette étude absorba tous les moments de loisir que lui laissait son métier, qu'il avait dû reprendre pour vivre.

Pour vivre! Certes, il fallait à cet abandonné une rare énergie, si l'on rapproche du peu de temps dont il disposait, la rapidité du chemin parcouru. Que l'on songe seulement à ce qu'ont d'absorbant des études artistiques complètes, et que l'on se dise qu'après des peines infinies le jeune artisan pouvait, à vingt ans, être jugé digne de l'admission dans l'atelier d'un artiste en vue. Sans doute, ce ne sont pas les leçons de Bosio qui ont pu mettre Barye sur la voie de son rêve. Ce n'est pas ce sculpteur froid et compassé qui a soufflé au cœur du jeune homme le goût des vivantes réalités. Mais a-t-on jamais vu que les grands artistes aient demandé autre chose à un maître que l'indispensable alphabet? Aussi ne croyons-nous pas nécessaire d'insister, comme on l'a fait trop facilement, sur ce contraste de Barye élève de Bosio. Bien évidemment, ce ne sont pas les ridicules chevaux académiques de celui-ci qui servirent de modèle aux pur-sang animés plus tard par celui-là. Bosio, de quelque façon que l'on considère son rôle, mérite des remerciements: soit pour avoir accepté dans son atelier ce volontaire obscur, soit pour n'avoir exercé aucune influence sur ce futur maître.

D'une manière toute différente devra être considéré l'enseignement que Barye put trouver auprès de Gros, chez lequel il entra en 1817. Nous sommes réduits d'ailleurs à construire des hypothèses sur des vraisemblances. La faute en est à Barye lui-même, ou plutôt à un trait de son caractère, que nous devrons noter dès maintenant, quitte à le reprendre plus tard pour compléter un portrait ou une psychologie. Naturellement méditatif, et d'autre part sans cesse aux prises avec les plus rebutantes difficultés de la vie, notre artiste fut de bonne heure un taciturne et un renfermé. Aussi n'a-t-il guère fait connaitre le détail de ces premières années, pas plus qu'il ne parlait à ses meilleurs amis de ses projets, de ses mécomptes, de ses travaux en cours d'exécution. Toutefois, il est certain pour nous que le séjour à l'atelier de Gros ne put que favoriser en lui l'éclosion de ses plus belles facultés : le goût du grand, une préférence marquée pour la couleur et le mouvement, la fougue de la conception, l'énergie enfin dans l'expression des sentiments. Le singulier professeur que fut le baron Gros, classique par conviction, le premier des romantiques par tempérament, a exercé la même influence sur tous les grands peintres qui sortirent de ses mains. Ils regardèrent ce qu'il faisait, et n'écoutèrent que le moins possible ce qu'il pouvait leur dire. Il n'est pas d'un médiocre intérêt de remarquer que Barye fit véritablement ses premières études artistiques à l'école qui forma Delacroix [1]. Ces deux hommes, qui devaient contribuer à bouleverser toutes les théories et les remplacer par l'éloquente brutalité des faits, avaient puisé leur force à une source commune. Gros pouvait, égaré par son admiration pour David, se causer à lui-même les plus cruels dommages. Il y avait une partie de son œuvre qui ouvrait les yeux aux jeunes gens, et leur disait clairement où était la vérité, où était l'avenir.

Toujours moitié ouvrier, moitié élève, Barye faisait les bouchées doubles. Dès 1819, deux ans à peine après son entrée chez Gros, il était reçu en loge dans la section de gravure en médailles. Désormais, il allait marcher d'un pas assuré vers son but; désormais aussi, il allait connaître, dès les premiers efforts, les déceptions et les résistances. C'est sur des échecs réitérés qu'il devait essayer ses forces.

SIGNATURE DE BARYE.

Le sujet du concours de 1819 pourrait être considéré comme un piquant symbole, si l'histoire et la critique autorisaient de pareils jeux de mots après coup : *Milon de Crotone dévoré par un lion.* On y verrait la sculpture mythologique dévorée, elle aussi, ou tout au moins terrassée par les fauves rugissants de Barye, et à la suite de cette défaite, la statuaire nouvelle faisant la matière complice de toutes les audaces. Tout ce que l'on peut dire, c'est que la médaille gravée par le logiste était déjà révélatrice d'un esprit hardi et d'un talent vigoureux. On peut s'en convaincre par la reproduction de cette pièce extrêmement rare. Gustave Planche, un des critiques qui dès le début s'attachèrent avec le plus de fidélité et de courage à signaler au public la valeur de Barye, donne du

1. Voir dans la biographie du baron Gros, par M. Dargenty (collection des *Artistes célèbres*), la manière dont Gros a formé Delacroix sans l'avoir jamais vu qu'une seule fois.

Milon de Crotone ce judicieux commentaire : « J'ai sous les yeux cette œuvre, la première qui marque dans la vie de Barye, la première qui ait laissé une trace durable, et je crois pouvoir affirmer qu'elle se recommande par toutes les qualités qui lui ont assuré plus tard la popularité de son talent. Le sujet traité au XVIIe siècle par Pierre Puget, avec tant de verve et d'énergie, fut abordé par l'élève de Fourier avec une merveilleuse précision. Le lion qui mord la cuisse de l'athlète est rendu avec une habileté qui se rencontre très rarement parmi les élèves de l'Académie. La tête et l'attitude de Milon expriment éloquemment la lutte entre le courage et la souffrance. »

Remarquons en passant que Planche fait beaucoup d'honneur à Fourier en l'appelant le maître de Barye. Remarquons surtout que le lion témoigne bien, comme dit le critique, d'une réelle habileté, mais la simple comparaison avec n'importe lequel de ceux qui vinrent plus tard montre combien l'élève était encore éloigné de son idéal. Il est encore tant soit peu traditionnel, ce lion, il n'a pas l'étonnante souplesse de ces chats gigantesques ; il n'a pas non plus leur majesté dans le féroce ; il a trop conscience de sa voracité. Telle qu'elle est pourtant, la médaille a une belle allure, et de rares promesses de l'entente du drame... Aussi le jury se garda-t-il de la récompenser. Qu'il soit béni ! Barye aurait pu aller à Rome, au lieu d'être condamné, par le sort intelligent, à se contenter du Jardin des Plantes.

Il faut se garder d'omettre le nom du concurrent heureux qui remporta le prix, tandis que Barye se contentait d'une mention honorable. Il s'appelait Vatinelle, et, grâce au concours de 1819, il est au moins une de ses œuvres dont on connaîtra le titre.

Continuons l'énumération des succès académiques de notre statuaire, et rendons-lui au moins justice de sa persévérance. En 1820, il se présente dans la section de sculpture. Le sujet donné est *Caïn entendant la voix de l'Éternel*. M. Jacquot, que l'histoire impartiale place à côté de M. Vatinelle, remporte le prix.

En 1821, c'est M. Lemaire qui, avec *Alexandre se précipitant dans la ville des Oxydraques* (un bien beau sujet), renvoie Barye à l'année suivante.

En 1822, l'Académie ayant proposé aux logistes de retracer l'épisode de *la Robe de Joseph rapportée par ses frères à Jacob*, M. Seurre jeune (?) obtient la première place.

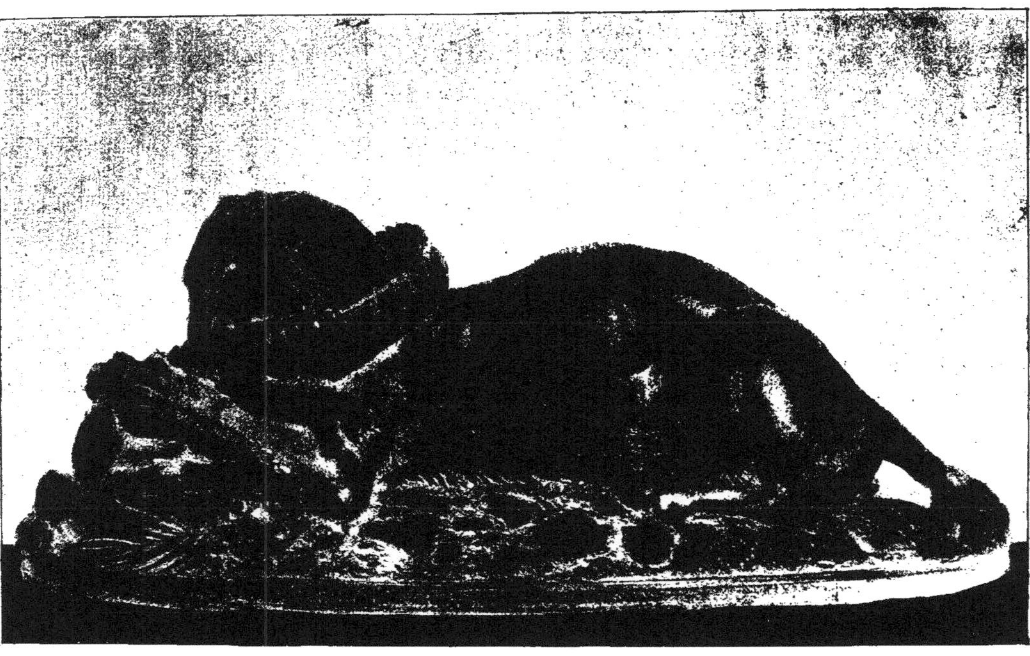

TIGRE DÉVORANT UN CROCODILE

d'après le bronze du musée du Louvre.

En 1823, aucun prix n'est décerné; en 1824, Barye, qui commençait à douter du succès, n'est même pas admis en loge. Nous ne céderons pas à la trop facile tentation de faire, à propos de tous ces mécomptes, le procès des récompenses officielles. Nous ignorons la valeur des morceaux de concours, puisqu'ils n'ont pas été conservés. Supposons même que, si Barye ne remporta pas les prix, c'est qu'il ne les méritait pas; félicitons aussi l'École de se voir débarrassée d'un mauvais élève, qui n'avait rien à apprendre chez elle. Mais en même temps applaudissons l'artiste qui se replonge courageusement dans les luttes de la vie, et ne veut plus devoir dorénavant sa science qu'à ses études personnelles, et ses succès qu'à la vigueur de son poignet.

En 1823, Barye avait dû recourir de nouveau au gagne-pain de l'industrie. Il était entré comme ouvrier chez l'orfèvre Fauconnier. Il préludait, par les infiniment petits de la sculpture, à l'étude des infiniment grands de la nature animée. Celui qui devait faire bondir les jaguars ciselait des bijoux; celui qui devait camper les lions dans une éternelle majesté inventait des modèles de breloques. Jusqu'en 1828, il travailla pour Fauconnier, et certains critiques, notamment Théophile Silvestre, ont tracé des portraits assez malicieux de cet orfèvre qui entretenait plusieurs artistes chargés de faire *ses* œuvres[1]. C'étaient eux qui imaginaient et exécutaient, et lui qui recueillait les récompenses. Il avait d'ailleurs grand soin, paraît-il, de tenir ses indispensables collaborateurs séparés les uns des autres.

Pourtant, il faut lui savoir autant de gré qu'à Fourier ou qu'à Bosio : il a été témoin de la naissance artistique de Barye, et si faible qu'ait pu être ce secours, il l'a du moins aidé à vivre pendant quelques années. Puis, c'est chez lui que l'artiste se mit à ses premières études d'animaux. Que l'idée d'appliquer les animaux, saisis sur nature, à la décoration des surtouts ait été reprise par cet orfèvre de sa propre initiative, ou que, venant de Barye, elle ait été simplement acceptée par lui, cela témoignait toujours d'une certaine intelligence.

Chez lui, Barye exécuta une soixantaine de petits modèles, des animaux de dimensions très réduites, qu'il ne signait pas, et que Tamisier cise-

1. Le rapport officiel sur l'Exposition industrielle de 1823 contient ces lignes significatives : « On doit à M. Fauconnier une collection de bons modèles pour l'imitation de divers animaux. » Des collaborateurs de l'orfèvre, il n'est naturellement pas question.

lait. Ces pièces sont, comme on pense, devenues rares. On peut en donner comme exemple une petite *Cigogne perchée sur une tortue*. Il y a déjà une certaine simplicité de lignes et un accent de vie, qui fait ces objets supérieurs aux bibelots sans caractère, que la fureur de la convention et le faux goût particulier à l'époque avaient répandus à profusion dans l'art industriel.

On sentait que cela était *vécu*, comme on devait dire plus tard, mais aussi le public devait être tant soit peu déconcerté. La critique défendait encore les bons principes, et maintenait avec soin la tradition des sujets nobles, et de ceux que l'artiste devait se garder de traiter. Il fallait que des gens sans scrupules se missent à l'œuvre pour saccager les parterres à la Le Nôtre. Leurs efforts seuls, et leurs efforts appuyés par le succès, pouvaient obtenir pour les arbres la permission de pousser à leur guise, au lieu d'être taillés en boules ou en pyramides. Ils avaient cette incroyable audace de vouloir faire servir à l'expression des idées tous les mots du dictionnaire, à l'expression des sensations tous les objets de la nature, cet inépuisable dictionnaire des images. Et on vit des téméraires, comme Victor Hugo, se faire les « dévastateurs du vieil A B C D : »

J'ai dit à la « narine » : Eh! mais tu n'es qu'un nez;
J'ai dit au « long fruit d'or » : Mais tu n'es qu'une poire;
J'ai dit à Vaugelas : Tu n'es qu'une mâchoire!

Dans l'ombre, des artistes préparaient, par l'étude acharnée des réalités, une révolution parallèle. Mais quels rires, si l'on avait su! Quelle folie de faire le portrait des bêtes, quand on pouvait si commodément donner l'idée d'une bête avec les à peu près acceptés de tout le monde, et consacrés par les monuments publics!

Il faut croire cependant que ces complaisantes formules ne suffisaient pas à la curiosité d'un Barye ou d'un Delacroix. Si leurs noms avaient eu la moindre notoriété alors, ils eussent été arrangés de la belle manière.

Comme dit spirituellement M. Paul Mantz : « l'idée d'aller, comme faisaient Delacroix et Barye, dessiner ou peindre des bêtes sauvages au Jardin des Plantes, impliquait, aux yeux des orthodoxes, un notable dérangement du cerveau. Guérin, le maître de Delacroix, avait peut-être vu des tigres; mais il ne les avait jamais regardés [1]. »

Quoi qu'il en soit, le jeune ciseleur subissait maintenant les attractions définitives de sa destinée. Il ne cessait de visiter le Jardin des

1. Notice sur la galerie Cottier : *Gazette des Beaux-Arts*, 1872.

Plantes; il ne pouvait rassasier ses yeux de ces puissants spectacles que l'imagination peut si facilement agrandir. Pour peu que l'on sente le moins du monde, les cages murées, les grilles massives, disparaissent. La contrainte même, dans laquelle ces effrayants animaux sont maintenus, nous sert à mesurer et à exagérer au besoin les actes qu'ils pourraient accomplir. Les déserts qu'ils parcourent, l'énormité de leurs bonds, les victimes sur lesquelles ils se précipitent, tout cela se présente à l'esprit et lui donne la délicieuse inquiétude d'une vie lointaine, inconnue. Et cette incessante variété des mouvements, cet imprévu continuel des attitudes, les reflets changeants de ces chaudes toisons, le développement formidable des griffes, les gueules ennuyées qui s'ouvrent dans un bâillement rouge, que d'incessants sujets d'étude pour le regard simplement curieux des neuves combinaisons de lignes! Si l'observateur se double d'un imaginatif, alors des drames inouïs se passent dans ces cabanons resserrés, et l'on ne peut résister à la tentation de les retracer par le crayon ou par la plume. Le moyen de ne pas rentrer avec un groupe ou un poème dans la tête, quand devant nous, le quartier de viande de boucherie a pris lui-même un caractère, non pas de nourriture, mais de proie?

Et personne n'avait songé à faire de cela une étude exclusive! On avait dédaigneusement relégué ces admirables premiers rôles au rang de comparses. Ils étaient bons pour traîner des chars allégoriques, pour flatter notre vanité; mais les épier dans leur nature propre, les aimer pour eux-mêmes, c'est une idée qui avait pu venir dans d'autres époques, à quelques rares artistes, mais pas à nous. Si les grands animaux figuraient dans les fables, ce n'était pas pour rugir, mais pour parler notre langue et tenir nos raisonnements ordinaires. Mais leurs passions à eux, leur grandiose impulsion de carnage, l'intense manifestation de leur vie instinctive, tout cela passait inaperçu, et si quelqu'un s'était avisé de la beauté de ces choses, il aurait été rappelé à l'ordre par les gardiens du bon goût.

Cela prouve bien, en somme, combien la curiosité de notre esprit à l'égard de la nature est peu avivée. Que d'ingratitudes elle pourrait nous reprocher! Que de surprises encore elle nous tient certainement en réserve! Des siècles d'art s'étaient écoulés, en France, sans que personne pensât à l'intérêt que pouvaient présenter d'autres animaux que l'homme. Il fallait qu'un simple ouvrier se rencontrât, que de supérieures aspirations missent sa curiosité en éveil, que les circonstances pénibles d'une existence besogneuse fissent de lui un isolé, un replié sur lui-même,

LION AU SERPENT.

Jardin des Tuileries.

qu'un hasard de métier l'induisît à chercher des motifs dans une collection publique, pour qu'enfin la poésie surhumaine des animaux trouvât un interprète.

Le goût de Barye pour les études d'après nature au Jardin zoologique a véritablement décidé de toute son œuvre et de tout son génie. Une fois ces travaux commencés, ce fut un magnifique et fécond enchaînement. Il ne se contenta pas des renseignements que lui donnaient ses yeux. Il voulut tout savoir de ses modèles. C'est alors qu'il suit régulièrement les cours d'histoire naturelle, qu'il se plonge dans la lecture de Cuvier, de Lacépède. Au contact de ces savants, de ces philosophes, ses idées s'agrandissent, ses notions se multiplient. Il entreprend aussi l'étude détaillée de la structure de ces milliers d'êtres divers. Par des comparaisons incessantes, il arrive à se familiariser avec le secret de leurs ressorts, et par les animaux, il acquiert simultanément une plus pénétrante connaissance de l'homme lui-même. Bref il n'y a plus là un débutant, un apprenti, un jeune homme qui cherche sa voie. Il y a un artiste armé pour la lutte, et qui déjà entrevoit ce qu'il pourra dire.

Barye, pourtant, n'avait pas moins de trente et un ans lorsqu'il tenta l'épreuve du public. Encore n'était-ce pas avec un sujet emprunté à ses travaux favoris. Le Salon de 1827 a de lui un *Buste de jeune homme* et un *Buste de jeune fille*.

Au Salon de 1831, il envoie une figure, un *Saint Sébastien*, que l'on remarque, et, enfin, un groupe d'animaux que l'on commente déjà avec surprise d'un côté, animation de l'autre. C'est le *Tigre dévorant un crocodile*, qui obtint une seconde médaille. Nous reparlerons plus loin de cette œuvre. Ce que nous voulons faire ressortir, c'est la leçon particulière que donne involontairement Barye aux artistes. Il fallait sans doute avoir une rare conscience, en même temps qu'une absolue possession de soi-même, pour ne se décider à produire un premier résultat de ses méditations qu'à l'âge où la plupart ont parfois épuisé une partie de leurs forces. On serait mal venu à dire que, comme bien d'autres, Barye ne trouvait la veine du succès qu'après avoir longtemps marqué le pas. Le petit nombre de ses tentatives (car on ne peut compter comme telles ses concours de l'École) est là pour démentir cette explication. Barye est un réfléchi. Il ne prend la parole que sûr d'avoir quelque chose à dire qui en vaille la peine. Le jour où il parle, on l'entend.

Le Salon de 1831 attira sur lui l'attention. Le second coup qu'il devait frapper, c'est-à-dire son envoi au Salon de 1833, allait avoir un prodigieux retentissement.

Avant d'aborder l'étude de cette seconde et victorieuse période, reprenons un instant, pour bien faire comprendre cette genèse d'un grand artiste, tous les traits que nous avons successivement présentés. Faisons la synthèse du débutant, comme nous ferons plus tard celle du maître.

Voici un jeune ouvrier d'art, supérieur à la moyenne, puisqu'il a tenté de s'élever au-dessus du niveau habituel de son métier; inférieur en apparence au but qu'il vise, puisque les écoles lui dénient une réelle valeur. Cependant il se résigne, bien qu'il puisse compter les insuccès eux-mêmes comme des preuves de valeur, à demander à l'industrie ce que l'art semble lui refuser. Il a le rare bonheur de n'avoir rien appris, et par conséquent de n'avoir pas dans la tête de ces formules toutes faites, qui, tenant lieu d'idées, dispensent d'en chercher, et empêchent d'en trouver. Devant son établi, il travaille en s'inspirant de lui-même, et si son patron lui demande d'arranger un animal en motif d'ornement, comme il ne songe qu'à faire sincère, il s'en va voir des animaux vivants, au lieu de copier des modèles antiques ou leurs traditionnels démarquages. Puis, comme ce silencieux a des enthousiasmes intérieurs, il se sent frappé : » Mais cela est beau! Cela vaut bien la peine d'être contemplé pour soi-même, au lieu de contribuer simplement à la décoration de services de table. Il faudra que je m'amuse à retrouver ce que cela m'a fait ressentir! » Il sent que c'est beau, et sa conviction est d'autant plus vive, que personne ne la lui a dictée. Le lion et le tigre ont une telle majesté que, même immobilisés dans la pierre, on pourrait faire craindre qu'ils vivent. Le crocodile, avec ses dures et sombres écailles, est un bronze tout fait.

Et l'artiste tente de rendre cette impression, simplement, avec sincérité. Et il se trouve que c'est une note neuve, une mine d'inspirations et de recherches dont personne ne s'était avisé. L'étude de la nature a été le point de départ de cette trouvaille. Quant à l'œuvre elle-même, elle n'est que le résultat d'une gestation de cette étude, par un tempérament méditatif, un esprit à la fois sérieux et ardent.

Le premier essai, sans aucun parti pris de guerre, fait de l'artisan, désormais passé au rang d'artiste, un révolté, en attendant qu'il ait produit assez d'œuvres pour devenir un révolutionnaire.

CHAPITRE II

Étonnements et résistances du monde artiste devant les premières œuvres de Barye. — Encouragements des critiques. — Le Surtout du duc d'Orléans. — Envois au Salon de 1833 à 1836. — Hostilité des jurys ; Barye renonce à exposer. — Difficultés financières et épreuves qui font de lui un grand renfermé. — Grands travaux promis et abandonnés. — Projets de décoration de l'Arc de triomphe. — Rentrée au Salon de 1850 : *le Centaure et le Lapithe.* — Aperçu général de la vie et du caractère de Barye.

Lorsque Barye exposa, au Salon de 1833, le *Lion écrasant un serpent*. ce fut dans le public, parmi les artistes et les critiques, une rumeur extraordinaire. Les colères et les admirations se déchaînèrent également.

Lorsque l'on décida de placer ce lion dans le jardin des Tuileries, les indignations se firent bruyantes, et la résistance devint agressive. Un sculpteur arrivé, dont les journaux du temps ne nous ont malheureusement pas laissé le nom (aujourd'hui nous serions peut-être trop bien renseignés), s'écria : « Est-ce qu'on va prendre les Tuileries pour une ménagerie! » et le mot eut un grand succès parmi les coteries que ce nouveau venu dérangeait.

Étroit, méchant et faux, c'est bien, qu'on nous pardonne de parler aussi franchement, un mot d'artiste. Ce n'est pas chez les artistes eux-mêmes qu'il faut, en général, chercher la justice pour les œuvres nouvelles. Absorbés par leur pensée, ou émoussés par une facile production. l'inédit les gêne dans leurs intérêts ou les inquiète dans leurs habitudes. Une jalousie particulière, qui est une grâce d'état, ou plutôt une indispensable expiation du talent, leur fait d'abord accueillir tout effort d'un inconnu avec un sourire de défiance. Ce sont des vérités trop connues pour que personne puisse s'offenser de notre constatation. Pris isolément, chaque artiste peut avoir des velléités de bienveillance et d'impartialité, car tous ces tourmentés, au fond, sont supérieurs aux mesquineries de la concurrence. Réunis, ils opposent une incroyable résistance d'inertie, et ce n'est que par la force qu'on arrive à conquérir sa place. Les timides, les confiants, ceux qui manquent de persévérance, sont broyés dans cette lutte, et il est plus facile de se rendre maître du public que de ces confrères ennemis. Ceux qui ont mis dans les choses de l'esprit toute leur

JAGUAR DÉVORANT UN LIÈVRE

d'après le bronze du musée du Louvre.

consolation, ceux qui ont encore des illusions généreuses, sont douloureusement surpris de voir que l'impitoyable *struggle for life* règne avec le plus d'animosité dans les régions mêmes où il devrait être banni. Mais étudiez l'histoire des arts et des lettres, dans tous les temps et dans tous les pays, vous constaterez ce phénomène. Il est vrai qu'il y a, pour compenser, d'étranges revirements, et que les mêmes ennemis des talents naissants se font avec autant de facilité les esclaves des succès consacrés. Esclaves, d'ailleurs, dont il faut se défier.

Barye, au mot injuste qui accueillait son premier chef-d'œuvre, devait riposter, plus tard, par un autre mot, infiniment plus cruel et plus profond.

Lorsqu'il eut réussi, par une succession d'envois éclatants, à exaspérer ceux dont tout le mérite consiste à introduire dans l'art les mœurs de la politique, le sculpteur se vit enfin infliger l'insulte d'un refus au Salon. Dès lors on se plut à exercer plus d'une fois contre lui ces tristes représailles.

Or, comme un jour, après la nouvelle d'une exécution de ce genre, Barye se promenait en méditant sur la bonne foi, il rencontra le grand paysagiste Jules Dupré. Celui-ci lui demanda avec intérêt des nouvelles de ses travaux : « Cela va fort bien, répondit Barye ; je suis refusé. » Et comme l'honnêteté de Dupré se récriait : « Mais c'est tout naturel, reprit-il avec cette sarcastique tranquillité qui commençait à murer son visage, je compte trop d'amis dans le jury. »

Mot de penseur et qui prouvait combien, en étudiant les grands taciturnes qui sont les animaux, on peut apprendre, par contre-coup, à connaître les grands dissimulés que sont les hommes.

Ce n'est donc pas auprès des artistes que Barye a rencontré les premiers encouragements. Ce n'est pas eux qui ont fait son succès, qui ont appris son nom au public, et rendu un hommage sincère à son génie. Ce sont ces inutiles personnages, ces faiseurs de phrases dont les artistes consentent à accepter l'éloge, mais non le jugement : nous voulons dire les critiques. Sans doute on peut souvent leur reprocher d'amusantes méprises, ou des aveuglements, ou des partis pris. Du moins, dans le cas de Barye, c'est eux surtout qui firent preuve de clairvoyance et de courage. Gustave Planche, Thoré, Silvestre, Théophile Gautier, pour ne nommer que les principaux, sentirent vivement, dès les premiers jours, la nouveauté et la grandeur de ses efforts, en parlèrent dignement, et conquirent pour elles de vive force l'attention et l'admiration du public.

Sans doute, pour un homme tel que Barye, c'étaient de valables consolations contre la malveillance des confrères et l'indifférence de la foule. Malheureusement les joies que peut éprouver un artiste à se sentir compris de quelques esprits d'élite ne suffisent pas à le faire vivre. La carrière artistique de Barye ne sera qu'une suite de mécomptes et de froissements, de même que sa vie privée ne sera qu'une succession d'épreuves de toutes sortes.

Rarement on a plus chèrement expié plus de génie. Aussi, le lecteur ne s'attendra pas à un récit mouvementé, rempli d'épisodes et d'anecdotes. Le travail acharné, les contretemps mesquins et la résignation digne en sont les principaux traits.

Au Salon de 1833, outre le grand *Lion au serpent*, Barye avait envoyé un *Buste du duc d'Orléans* et de nombreux groupes ou statuettes : un *Cerf terrassé par deux lévriers de grande taille*, un *Cheval renversé par un lion*, *Charles VI dans la forêt du Mans*, un *Cavalier du XVe siècle*, un *Ours de Russie*, un *Ours des Alpes*, une *Lutte de deux ours*, un *Éléphant d'Asie*, une *Gazelle morte* et un cadre de médaillons. De plus, il exposait plusieurs aquarelles : *Deux Jaguars du Pérou*, *Tigre dévorant un cheval*, *Panthère des Indes*, *Panthère du Maroc*, *Deux jeunes lions du Cap*, *Deux tigres du Bengale*.

On commença à trouver spirituel d'appeler les petits bronzes des serre-papiers; quant aux aquarelles, leur austérité sombre n'obtint que peu d'attention.

Fortement attaqué par les connaisseurs officiels, vaillamment défendu par les critiques, Barye gagna du moins à cette polémique d'attirer l'attention et d'obtenir la bienveillance de la cour. Le duc d'Orléans, particulièrement, lui accorda l'appui le plus dévoué et le plus libéral. Il lui commanda le célèbre *Surtout*. Dans la même année, le *Lion au serpent* fut acheté par l'État et son auteur décoré de la Légion d'honneur.

Le surtout de table commandé par le duc d'Orléans se composait de neuf groupes, dont cinq grands épisodes de chasse : au tigre, au taureau, à l'ours, au lion et à l'élan. Nous reproduisons l'épisode de la chasse à l'élan. Il pourra donner l'idée des autres pièces, dispersées en 1853 à la vente de la duchesse d'Orléans. Nous n'y reviendrons pas, nous contentant de signaler ici le caractère de ce travail. Combinaison très cherchée de l'animal et de la figure humaine, ces groupes, si mouvementés qu'ils soient, offrent pourtant quelque chose d'un peu tourmenté et d'un peu lourd. Est-ce la collaboration de l'architecte chargé de monter les pièces du surtout, est-ce même la collaboration de Chenavard à qui était due l'idée de l'ensemble, qui gênait un peu Barye dans son inspiration? C'est ce qu'il serait malaisé de déterminer. Peut-être pourrait-on encore démêler l'influence inconsciente du goût romantique, et la magistrale simplicité de cet esprit ne savait-elle pas se plier aussi facilement au pittoresque pur. Toujours est-il que, si l'on fait une comparaison entre les autres travaux de la même époque, le *Lion au serpent*, par exemple, et la plus belle des pièces du surtout, c'est dans le premier qu'il faut voir le véritable sens dramatique et l'éloquence la plus haute.

Cela ne diminue pas d'ailleurs le mérite de cet important effort, et on y reconnait une puissante main. Que l'on examine, dans *la Chasse à l'élan*, la superbe silhouette, l'allure emportée et désespérée de la bête pourchassée, la solidité du modelé des figures humaines, l'entrain furieux des chiens, et l'on s'étonnera, sachant que les autres pièces sont au moins aussi belles, que le jury de l'Exposition ait pu refuser de les admettre.

Ce trait est significatif, et nous pensons qu'on ne nous accusera pas, après cela, d'avoir calomnié les artistes défenseurs des bons principes. La protection du duc d'Orléans lui-même, les démarches qu'il fit pour casser ce ridicule jugement demeurèrent impuissantes. Avec une indifférence sceptique, plus spirituelle que juste, Louis-Philippe répondit qu'ayant nommé un jury, force lui était bien de reconnaître sa compétence. Mais ne voit-on pas, dans cet acharnement à refuser des œuvres aussi importantes, une preuve suffisante des bienveillantes dispositions que nous avons signalées?

Il faut dire, en guise de consolation, que le jury reçut de la critique une assez jolie volée de bois vert, et de fait, il prêtait le flanc non seulement au reproche, mais encore à la caricature : plus d'une fois, Daumier et ses émules chargèrent cet « admirable jury » dans lequel on avait introduit, pour mieux apprécier les œuvres de peinture et de sculpture, des astronomes et des musiciens.

Les envois de Barye au Salon de 1834 furent un peu moins nombreux. Ils comprenaient : la *Gazelle morte*, l'*Ours dans son auge*, un *Éléphant*, une *Panthère dévorant une gazelle*, un *Cerf surpris par un*

LION AU REPOS.

Palais des Tuileries, guichet du pavillon de Flore, côté du quai.

lynx; et encore une série d'aquarelles. Barye n'eut pas de médaille, comme bien on le pense, pour ces petites merveilles, si variées d'expression, depuis la tendresse et la pitié dans la gazelle, jusqu'à la puissance dans l'éléphant, en passant par la plus fine ironie, avec son ours si grognon et si goulu. Non seulement on lui donna cette marque d'hostile indifférence, mais encore on laissa s'établir une confusion avec les ouvrages d'un rival ridicule.

« Les bronzes envoyés par M. Barye, écrivait Gustave Planche, nous ont montré, sous une forme plus exquise, les groupes d'animaux du Salon dernier. Le bronze est décidément ce qui convient le mieux à la manière de cet artiste... Il faut le dire, à la honte du public, et moi-même qui n'en puis douter, je rougis en l'avouant, il y a parmi les curieux une insouciance si profonde que j'ai entendu confondre avec les admirables ouvrages de Barye, des masses sans forme, sans ligne, sans individualité devinable, signées du nom de M. Fratin. »

Il y avait de quoi concevoir de l'amertume, quand on est Barye, de se voir opposer Fratin. Soyez sûrs que si le public s'y trompait par ignorance, les académiciens ne manquaient pas de tomber dans la même erreur par malignité.

Barye, déjà rebuté, sembla dès lors s'éloigner des expositions, comme il avait dans sa jeunesse été amené à abandonner les concours officiels. Cependant, il envoya au Salon de 1835 un morceau, un *Tigre*, qui fut exécuté en pierre, et qui est maintenant à Lyon. En 1836, il exposa encore une de ses plus belles œuvres, l'admirable *Lion au repos;* et aussi une série de petits bronzes. Cette fois le jury les refusa en bloc, sous le même prétexte, déjà ridicule quand il s'agissait du surtout, que ce n'était pas de la sculpture, mais de l'orfèvrerie.

L'insulte était trop vive, l'hostilité trop évidente. Barye, profondément blessé, cessa de prendre part aux Salons pendant de longues années; il n'y reparut qu'en 1850, mais avec un éclat exceptionnel. Dorénavant, il voulait produire chez lui, vendre lui-même, être en communication directe avec la partie du public assez intelligente pour se passer de la main indicatrice des jurys : « C'est ici qu'est le grand art! » Quelle série d'œuvres et de chefs-d'œuvre devait sortir de cette féconde retraite, c'est ce que nous verrons plus loin dans notre examen détaillé. Pour le moment nous poursuivons, dans sa cruelle simplicité, l'énumération des faits biographiques.

Absorbé par son rêve d'indépendance et ses méditations d'art, Barye allait s'engager dans une des plus désastreuses aventures de sa vie. Ne voulant pas courir la commande et résolu à n'accepter les faveurs officielles que si elles venaient le chercher, il entreprit de faire ce que l'on appela dédaigneusement « du commerce », ce que pourtant les grands artistes des temps passés ne songèrent pas à trouver déshonorant. Si leurs contemporains l'avaient voulu, ils auraient pu aussi bien traiter les Cellini, les Palissy, de commerçants et de boutiquiers. S'il prenait fantaisie à un peintre de fabriquer lui-même ses couleurs et ses pinceaux, de tendre ses toiles sur les châssis, enfin de toujours vendre ses tableaux sans jamais recourir au marchand, songerait-on à dire qu'il fait du commerce? Pourquoi adresserait-on le reproche au sculpteur qui veut être son propre praticien, son fondeur et son marchand? A plus forte raison quand il s'agit de cet art intime destiné, non pas à orner les édifices ou les promenades, mais sous la forme d'objets de petite dimension, à trouver sa place dans nos appartements, à élever notre vie de tous les jours. Par une singulière inconséquence, les mêmes gens qui accorderaient facilement (et nous ne voulons pas dire sans raison) le nom d'artiste à un tapissier ou à un ébéniste, croient flétrir un statuaire du nom de commerçant, parce qu'il entre lui-même dans tous les détails de l'exécution et du placement de ses ouvrages.

Il ne s'agissait pas, qu'on le comprenne bien, pour Barye, d'une simple question d'intérêt quand il se mit à la tête d'une fonderie. Une plus haute pensée le guidait. Pensée de conscience et d'honnêteté artistique. Puisqu'on réduisait sa puissante création à se disperser en miettes, au lieu de lui donner la pâture à laquelle elle avait droit, grands travaux de décoration, monuments pour les places publiques, il fallait bien chercher d'autres moyens de vivre et de produire.

Un habile homme, dans ce cas, n'est pas embarrassé. Il s'entend avec un habile éditeur. On lance habilement une affaire, et la « marchandise » s'enlève par douzaines, à la façon des petits pâtés : on a à peu près le poids ; certains acheteurs sont plus ou moins bien servis, c'est une affaire de hasard et tout se compense. La droiture de Barye ne se serait pas accommodée d'une pareille combinaison. Plus il se mettait en rapport avec le public, plus il voulait ne lui laisser acquérir que des morceaux irréprochables. Constamment hanté par le désir de ne voir sortir de ses mains et de signer de son nom que des épreuves parfaites, il se décidait à mettre en pratique lui-même les profondes études qu'il avait faites des procédés techniques de la fonte et de la ciselure. Nous donnerons dans un autre chapitre des indications sur ce beau souci de la technique. Pour le moment nous expliquons seulement comment l'artiste trouvait dans sa conscience même la cause de sa ruine.

Ce commerçant entendait si bien le commerce, qu'il ne cherchait aucun des moyens de publicité familiers au boutiquier le plus obscur. Il attendait, en toute naïveté, qu'on eût l'idée de venir acheter chez lui de belles choses. Ses catalogues sont là pour attester les dérisoires bénéfices qu'il en tirait. Aucuns frais n'étaient ménagés par lui pour ses recherches. Quant aux combinaisons financières qui lui avaient permis de s'établir, il les avait acceptées en si habile commerçant que voici ce qui lui arrivait : Les bailleurs de fonds, impatientés de voir réaliser aussi peu de bénéfices, exigeaient un remboursement complet, d'autant plus que la révolution de 1848 venait donner des inquiétudes pour le succès des affaires. Barye se trouvait dans l'impossibilité de payer. Avec la dernière rigueur, ses capitalistes le poursuivaient pour la somme de trente-six mille francs. Faute d'argent, ils étaient légalement autorisés à faire main basse sur tous ses modèles, et l'infortuné artiste se voyait, la cinquantaine passée, plus ruiné, plus dépourvu, plus désespéré qu'au début même de sa carrière.

Nous ne voudrions pas dire de quelles douleurs domestiques ces épreuves matérielles se compliquaient. Une des moindres était la perte d'une fille. Mais ici, la critique est tenue à des discrétions infinies. Il y a des choses qu'elle est forcée de savoir pour comprendre un caractère, et qu'elle doit se garder de divulguer pour satisfaire de simples curiosités. C'est la seule allusion que nous ferons dans le cours de cette étude aux chagrins privés qui abreuvèrent sans relâche ce grand artiste et cet esprit élevé. Nous avons voulu qu'elle fût une explication voilée, nécessaire pourtant, de la croissante amertume, de l'impénétrabilité systématique, de l'isolement volontaire, qui éloignèrent de lui les sympathies superficielles, mais qui sont plutôt pour nous des raisons de l'en aimer davantage.

Ce n'est que vers 1857 que Barye, parvenu enfin à une gloire indiscutée, et ayant rencontré sinon la fortune, du moins une plus grande aisance, acheva de se libérer vis-à-vis de ses créanciers, et put rentrer en possession de tous ses modèles. De quelles sourdes colères ne dut-il pas,

LA CHASSE A L'ÉLAN.

Pièce du surtout de table du duc d'Orléans, d'après le modèle appartenant à M. Diot.

pendant tout ce temps, se sentir gonflé ! Sans aucun des beaux scrupules qu'il apportait à la parfaite exécution de ses bronzes, ceux qui l'avaient réduit à ces extrémités n'avaient pas craint, pour en tirer le plus de parti possible, de les avilir par une grossière fabrication, au point d'altérer des modèles, de leur enlever ce précieux fini, cette sorte de délicatesse d'enveloppe qui existe aussi bien sur le métal dur que sur le plus fragile des objets d'art ou de nature. Imagine-t-on pour un artiste aussi difficilement satisfait de lui-même que l'était Barye, un pareil sujet d'indignation ? Mais dans la lutte entre ces contemplatifs, ces confiants, ces enfants grandis, qui chantent, dessinent ou sculptent, et ces véritables hommes qui tiennent les cordons de la bourse et les poids des balances de la justice, il n'y a pour les premiers qu'un parti à prendre : s'indigner, puis se soumettre. C'est ce que dut faire Barye.

Pour se consoler, les espoirs ne lui manquèrent pas; mais les espoirs seulement. Nous l'avons dit : il ne voulait point chercher les commandes officielles, mais il pensait qu'elles devaient venir le chercher elles-mêmes. C'est ce qui arriva, comme nous le voyons par un passage du Salon de 1837 de Gustave Planche. Nous avons déjà cité ce critique; nous le retrouverons encore, car c'est lui qui s'est montré le plus fidèle, le plus véhément et le plus éclairé des défenseurs du statuaire : « Le jury, écrivait-il, a refusé les groupes de M. Barye (les Chasses du Surtout du duc d'Orléans). Il n'a pas craint de déclarer que ces groupes n'étaient pas assez faits, que ce n'était pas de la sculpture, mais de l'orfèvrerie. » — Et le critique saisissait cet excellent prétexte pour taper ferme sur les porte-voix de l'Institut, qui ne savaient même pas distinguer la fonte au sable de la fonte à cire perdue. — « Ne faut-il pas voir plutôt, continuait-il, dans l'exclusion de M. Barye, le souvenir du pont de la Concorde, et du couronnement de l'Arc de l'Étoile ? M. Thiers, qui ne lésinait pas sur les promesses, a offert à M. Barye la décoration des quatre coins du pont de la Concorde. Or ces quatre coins avaient été partagés, sous la Restauration, entre les sculpteurs de la quatrième classe ; les musiciens, en excluant M. Barye, ont vengé leurs confrères... Tout cela est digne de colère et de pitié, et ce qui ajoute encore au scandale de cette exclusion, c'est que personne, en France, excepté M. Barye, ne sait modeler un cheval ou un lion... Le ministre de l'Intérieur pourrait seul réparer cette faute en confiant à M. Barye les travaux dont la seule promesse a motivé la décision du jury. »

Ces promesses avaient, en effet, libéralement été faites par M. Thiers, qui faisait, sans plus s'engager, acte d'habile courtisan. Sans doute le cœur de l'artiste dut battre bien fort, et son imagination s'enflammer à la pensée d'un travail aussi digne de lui. Sur cet admirable emplacement, un des plus vastes, des plus imposants du monde entier, dans un incomparable décor d'espace, pouvoir camper, frémissantes, majestueuses, terribles, de colossales figures de fauves! Se mesurer avec les plus grands pétrisseurs de pierre ou de bronze de l'antiquité, et sans doute les vaincre dans cette lutte, puisqu'il les égalait avec des jeux d'ébauchoir de quelques pouces de dimension! Quelle gloire! Quelle matière digne du génie que l'on se sent dans la cervelle, de la passion que l'on se sent au cœur! Ah! oui, cela était digne, cela était beau. C'était un acte de justice, et pour la nation qui l'accomplissait, un paiement assuré en merveilles uniques. Aussi se garda-t-on de donner la moindre suite à ces promesses spontanées. Après avoir parlé, avec un enthousiasme bien politique et bien marseillais, de toute la place de la Concorde, le petit homme d'État avait peu à peu restreint la commande aux quatre piliers du pont; puis déplaçant l'espérance, avait fait entrevoir le couronnement de l'Arc de triomphe; puis ce n'était plus qu'un simple lion colossal; puis enfin, plus rien du tout.

C'est ce qui fait qu'en 1852, pas loin de vingt ans après toutes ces promesses, le pauvre Gustave Planche, avec une constance digne d'un meilleur sort, pouvait écrire les lignes suivantes: « On parle du couronnement de l'Arc de l'Étoile, et le nom de M. Barye n'est même pas prononcé. De tous les sculpteurs vivants, c'est le seul, à coup sûr, qui puisse couronner dignement l'Arc de l'Étoile. Si l'on veut placer sur l'acrotère de ce monument une aigle colossale, n'est-ce pas M. Barye qui est désigné par son talent au choix de l'administration? Si l'on veut une œuvre sérieuse, n'est-ce pas à lui qu'il faut s'adresser? »

Il est dans la destinée de ce monument de donner lieu à d'importants projets, et suite à aucun. Récemment, n'avons-nous pas vu le puissant effort d'un des plus remarquables statuaires contemporains, dépensé en pure perte! Le quadrige de M. Falguière, après avoir coûté autant d'argent que de fatigues, a dû s'en aller en lambeaux. Barye, moins heureux encore, n'eut même pas la satisfaction d'amour-propre que peut donner ce semblant d'exécution. En revanche, le projet qui avait été d'abord agité était encore bien plus considérable que celui dont nous parlons.

Conçu par Chenavard, il avait été sérieusement discuté dans le cabinet ministériel. Il est peut-être curieux de dire en quoi il consistait, pour montrer que les hommes politiques ne doutent de rien quand il s'agit de promettre.

Sur l'acrotère devait figurer Napoléon, traîné sur un char triomphal. Aux quatre coins, seraient érigées les statues équestres de ses frères et du prince Murat. La décoration devait être complétée, dans le bas, par les statues équestres des douze maréchaux de l'Empire, disposées autour du monument. On voit qu'il y avait de quoi occuper la vie d'un homme. Le projet fut examiné avec tant de bonne volonté, qu'il en resta du moins quelque chose : un mot comique de M. Thiers. Comme un conseilleur, intervenant dans la discussion, contestait le talent de Barye en matière de figures humaines, le ministre de l'Intérieur s'était écrié, avec son habituelle pétulance : « Eh bien, M. Barye fera les chevaux et un autre les cavaliers ! »

Un mot, c'est bien peu pour nous consoler des échecs que le pauvre artiste n'avait même pas volontairement encourus. Il fallut en rabattre du trop pompeux projet de Chenavard. On parla plus simplement d'une gigantesque figure d'aigle, qui serait censée s'abattre sur le glorieux portail de granit. Une maquette fut même faite par Barye. Elle disparut avec le projet. On peut supposer que l'idée a été utilisée pour la statuette de *l'Aigle, les ailes étendues sur un rocher*. De tant de déceptions a été fondu un bronze haut de vingt-cinq centimètres.

La révolution de 1848 ne causa donc à l'artiste que la perte d'avantages bien incertains. Elle lui procura, au contraire, une place. Ledru-Rollin le nomma conservateur de la galerie des plâtres, et directeur des travaux de moulage au Musée du Louvre. Si les événements avaient voulu que Barye conservât longtemps cette situation, il aurait pu sans doute y rendre de grands services. D'abord, ses études techniques, infiniment variées, étaient une garantie de travaux parfaits. Puis, la curiosité de son esprit et son goût des belles œuvres auraient peut-être contribué à nous donner un peu plus tôt ce musée des moulages, d'un si grand enseignement, que nous n'avons pu obtenir que dans ces dernières années, grâce aux efforts héroïques des Du Sommerard, des Geoffroy-Dechaume et des Antonin Proust.

Quand M. de Nieuwerkerque prit la direction des musées, la place donnée par Ledru-Rollin fut retirée à Barye La lutte était toujours pénible, le public encore indifférent, et la fortune n'était pas venue, pas même l'aisance nécessaire pour faire face aux lourdes charges de famille.

L'artiste n'en continuait pas moins à travailler ; sa robuste résignation

LE CENTAURE ET LE LAPITHE.

Dessin de Lançon, d'après le groupe du musée du Puy.

le soutenait, et jamais son œuvre ne se ressentit des difficultés et des inquiétudes au milieu desquelles il se débattait. Barye, à proprement parler, était un stoïque. Il semble que le bronze, sa matière familière, lui ait communiqué son éclat sombre et sa froide résistance. Opposant aux malechances, aux critiques, aux dénis de justice, un front toujours uni et toujours égal, ses amis ne l'ont jamais entendu proférer de plaintes ou faire des tirades contre la rigueur et la sottise des temps. Il travaillait, et la poursuite de sa pensée le faisait probablement vivre bien au-dessus de la vie. D'où ce mutisme profond et hautain qui n'appartenait qu'à lui seul. Il y a plus d'une manière d'être silencieux. Le silence de Barye avait de l'énergie.

Il ne reprit la parole qu'en reparaissant au Salon de 1850 : il exposa l'admirable groupe *le Centaure et le Lapithe*. Depuis de longues années cette œuvre était restée à l'atelier sans cesse remaniée, abandonnée des mois, puis utilement reprise, jamais assez parfaite au gré du sculpteur. *Le Centaure*, dont l'analyse trouvera sa place quand nous parlerons des figures de Barye, fut salué dès d'abord par toute la critique, comme un morceau comparable à ce que l'art antique avait produit de plus beau. Nous n'avons pas besoin de dire qu'il ne fut l'objet d'aucune distinction officielle.

Soyons justes : l'État voulut bien l'acheter. Mais ce fut pour l'envoyer au plus profond de la province, au musée du Puy. Ce fut encore pour Barye une amertume ; et il ne cacha pas, à de rares amis, le chagrin que lui causait un pareil enterrement pour une œuvre où il avait mis de si longues et si laborieuses méditations. Certes, si nous considérons, au hasard d'une simple promenade, certaines œuvres mesquines, baroques parfois, que le goût de l'État a placées dans nos jardins publics, on peut déplorer qu'il n'ait pas été plutôt fait choix de morceaux de la valeur du *Centaure*. Agrandi aux proportions de la nature, ce groupe splendide eût forcé le regard et commandé la méditation du passant le plus ignorant. Un peintre anglais, Herbert, n'a-t-il pas dit avec raison que si Barye était né de l'autre côté de la Manche, ses statues orneraient toutes les places de Londres ? On serait mal venu à répondre que *le Centaure et le Lapithe* est un groupe mythologique, au-dessus de la compréhension du public, et qui ne répond pas aux idées générales que la statuaire est appelée à vulgariser. D'abord, il n'y a pas de plus utile vulgarisation que celle des belles proportions, des lignes heureuses et hardies. Puis, les Tuileries, le Luxembourg, et les squares de toutes dimensions et dans tous les quartiers, regorgent précisément de plates et surannées mythologiades.

Soyez assurés que les âmes simples ne se trompent pas à la valeur des belles choses, et qu'entre cette lutte héroïque de l'homme contre le monstre, et telle allégorie signée d'un académicien replongé dans l'oubli, l'admiration des plus obscurs passants n'hésiterait pas. En voulez-vous une preuve dans une expérience que vous êtes à même de faire tous les jours, ou, pour parler plus exactement, tous les dimanches? Quand il fait un gai soleil et qu'une foule de promeneurs remonte l'avenue des Champs-Élysées, approchez-vous un instant de l'Arc de triomphe, et vous verrez le spectacle que nous nous sommes amusé à observer bien des fois. Arrêtés, dans une extase naïve, au pied du groupe de Rude, des petits soldats de toutes armes regardent, stupéfaits, les fiers héros de pierre, et le grandiose battement d'ailes de cette *Marseillaise* qui les entraîne. De l'autre côté, Cortot a fait glacialement couronner Napoléon par une Gloire conçue dans toutes les règles. Le groupe n'obtient pas un seul regard, tandis que les petits pioupious ne peuvent s'arracher à leur contemplation. Si vous leur demandiez de formuler le sentiment qu'ils éprouvent, les pauvres garçons seraient bien embarrassés. Ils sentent que cela leur fait quelque chose, et cela est suffisant. Il n'y a pas une œuvre de Barye, qui, exécutée dans les proportions monumentales, pas une, qui ne puisse exciter de pareilles émotions. Et Barye le savait, et il avait dès lors quelque droit de se montrer mécontent de cette faveur mesquine : l'achat d'une œuvre de prédilection, pour quelque obscur musée départemental.

Au Salon de 1852, Barye exposa le *Jaguar dévorant un lièvre*, et ce groupe fut jugé au moins égal à ses aînés. L'artiste était arrivé à peu près au point culminant de cette autorité, de cette maîtrise imperturbable qui frappe d'étonnement quand on étudie son œuvre. Pas un effort qui ne soit décisif, pas une touche qui ne soit sûre, pas une expression qui ne donne le maximum de l'effet voulu. D'autres maîtres ont été de grands inquiets ; leur inspiration trahit des fièvres ; leurs productions sont inégales ; ils cherchent sans cesse, et cette recherche les épuise. Avec Barye, rien de semblable. Il n'est pas un artiste, de toute l'école française — pour n'aller pas chercher d'autres exemples, — qui donne à un pareil degré l'impression de force et de sûreté.

C'est que cet homme ruminait perpétuellement son œuvre. Il étudiait sans relâche, et cette étude l'absorbait tout entier. Nous nous le représentons dans des attitudes significatives.

A l'atelier, aux heures de loisir : il s'assied, pour se reposer quelques instants de la rude tâche accomplie ; il prend sur ses genoux un chat familier, le caresse, lui palpe l'échine, lui étend les pattes, examine le mécanisme des griffes ; plonge son regard pénétrant dans la claire prunelle de l'animal. C'est alors qu'on peut vraiment appeler le domestique félin, un tigre de poche. Pour Barye, c'est bien un tigre en effet, et son esprit le grandit aux proportions des grands fauves. Ce sont les mêmes ressorts, les mêmes souplesses, les instincts et le tempérament identiques, devinés sous la douceur d'une bête asservie et qui n'est point féroce puisqu'on pourvoit à ses besoins.

Dans la rue : un calepin a la main, un mètre dans la poche ; l'un pour noter rapidement une idée, saisir le mouvement d'un cheval ou d'un chien ; l'autre pour mesurer les rapports entre les diverses parties de ces modèles inconscients. Visiteur assidu des marchés aux chevaux et aux chiens ; innombrables sujets toujours neufs.

En vacances, dans la forêt de Fontainebleau, un bloc d'aquarelliste ou une toile d'étude devant lui : il observe la forte silhouette des grands chênes, ou l'âpreté des roches. Et, son rêve perpétuel guidant sa main, voici qu'involontairement dans le paysage apparaît l'effrayante tache aune ou zébrée de quelque lion ou de quelque jaguar soudain remémoré.

Au Jardin des Plantes : pensif, assis sur quelque banc, à l'écart, il semble désintéressé de tout ce qui se passe autour de lui ; c'est à peine si l'on devine un léger et continu mouvement des mains, avec, de temps à autre, la tête levée, un regard jeté rapidement, puis de nouveau une absorption quasi sournoise ; on pourrait croire qu'il craint d'être épié et dérangé. Il pétrit un morceau de cire. Comme il est difficile de faire poser à l'atelier les grands lions et les ours massifs, l'artiste leur fait l'honneur de les portraiturer à domicile.

Le Jardin des Plantes, en effet, a toujours des attractions et des révélations pour le sculpteur, à l'âge même où il semble n'avoir plus rien à apprendre. Il ne se passe point de semaine où il ne vienne observer, modeler sur place, ou mesurer à l'amphithéâtre. Aussi, en 1854, les amis délicats qui obtinrent pour lui la place de professeur de dessin au Muséum lui durent-ils causer une grande joie. Les modestes appointements étaient un utile appoint pour la vie, mais, par-dessus tout, les facilités de travail étaient une inappréciable ressource pour l'art.

Plus que jamais, il assiste aux dissections ; quand un animal meurt, il a demandé qu'on le vienne chercher ; et c'est une série détaillée de men-

LION MARCHANT.

Dessin de Lançon, d'après le bronze de Barye.

surations, qui remplissent des portefeuilles entiers, avec leur allure de dessins géométriques. C'est qu'en effet le talent de Barye est peut-être contenu dans ceci, qui explique en même temps l'impeccable sûreté que nous avons signalée : de la géométrie pour squelette, avec de la passion pour enveloppe.

On voit combien cette existence est simple, cette carrière unie, et combien peu tout cela comporte de détails piquants. La biographie de Barye pourrait être faite en cent lignes, tant elle est peu féconde en incidents. L'homme n'eût-il pas été volontairement fermé, « boutonné », comme on dit familièrement, il faudrait quand même, pour donner à l'étude le corps nécessaire, chercher la plus grande part dans l'examen de l'œuvre. C'est la méthode que nous avons adoptée et nous croyons qu'elle fera mieux comprendre l'artiste. Nous avons présenté tout d'un trait ce que sa vie peut avoir de caractéristique. Nous serons maintenant à même de bien expliquer ses travaux, et de retrouver, jusque dans la pièce la plus petite, la forte empreinte de son caractère.

Nous sommes en 1855, et à cette date nous avons tous les éléments d'un portrait en pied, *ne varietur*.

Enfin les honneurs, ou du moins le strict minimum de ceux qu'on peut accorder à un homme de cette taille, sont venus le trouver, sans qu'il fît un pas vers eux. On lui décerne, à l'occasion de l'Exposition universelle, la grande médaille dans la section des bronzes d'art, et il est fait officier de la Légion d'honneur.

De grands travaux dignes de lui, il n'en a toujours pas ; et seuls, les deux lions des Tuileries et celui de la colonne de Juillet, peuvent apprendre son nom au grand public. C'est qu'il a la profonde aversion de l'intrigue et de la sollicitation. Une lettre à écrire le plonge dans des perplexités. On prétend même que, pour éviter de répondre, la plupart du temps il brûle sa correspondance non décachetée. Exagération fantaisiste de camarades, cela va sans dire, mais qui fait assez bien comprendre jusqu'à quel point est grande la réserve et absolu le retirement. Jamais il ne se décidera à faire une démarche, et on pourrait prendre sa modestie pour une réelle défiance de lui-même. Il vit à l'écart et il semble que ses modèles lui aient communiqué un peu de leur taciturnité auguste.

Il habite, rue de la Montagne-Sainte-Geneviève, une vieille maison monumentale qui a bien le caractère sévère et muet qui convient. Lorsque l'on va le voir, il vous reçoit dans une pièce qui précède son atelier, mais on n'entre pas plus avant dans son logement que dans son intimité. Les superficiels ou les expansifs, et l'on sait qu'ils sont nombreux chez nous, seraient déroutés, et ne comprendraient point ce qu'a d'imposant cette dignité puissante. Pourtant quand on sait bien voir, de quelle lumière s'éclaire ce large front, que de choses disent ces lèvres fermées, serrées plutôt ! Comparez, avec le portrait gravé que nous donnons, ce curieux portrait écrit, de Théophile Silvestre : « Son maintien et ses gestes sont précis, corrects, tranquilles et dignes, et il ne s'y mêle rien de sec, de mou ni de pédantesque. Les yeux vigilants et fermes regardent toujours en face, franchement et profondément, sans provocation ni insolence. Le front se dépouille de sa chevelure courte et blanchissante ; le nez est légèrement retroussé ; les plans de la face, d'une carrure vigoureuse, sont reliés par un fin modelé... La mélancolie la plus opiniâtre et la fierté la plus concentrée s'échappent comme malgré lui du fond de ses pensées et se répandent sur son visage d'un teint clair et transparent. » Et le critique ajoute ce trait, qui est d'un psychologue : « Je crois que poussé à bout, il serait implacable et terrible, comme un homme sans peur et sans reproche qui sent toujours le droit de son côté. »

Oui, sans doute, on lit dans tous ces traits si pleins et si fermes les résolutions que rien ne saurait arrêter. Mais Barye n'a jamais été, à proprement parler, « poussé à bout ». Il a été tenu en éveil de souffrance par mille piètres tracasseries, mais rien qui puisse faire éclater les orageuses colères. On regrette presque l'absence, pour l'homme sans peur et sans reproche, d'occasions de se montrer implacable et terrible. Tout cela doit être refoulé, se dépenser en amertumes intérieures, une amertume qui abaisse obstinément les coins de la bouche, et qui, dans les moments de plus grande expansion, se traduit en traits d'une causticité spéciale.

Est-ce donc parce que cet homme juste déteste la lumière et la réclame, méprise le charlatanisme, qu'on remplit ses vœux en le laissant à l'écart ? Est-ce que l'on doit prendre pour un orgueil démesuré cette stricte conscience d'une valeur supérieure ? Est-ce que même, par moments, cette opiniâtre mélancolie ne peut faire place à quelque abandon un peu plus communicatif ?

Au contraire, ceux qui l'ont fréquenté conservent le souvenir d'amicales réunions où il se montrait, une fois mis en train, plein d'animation et de verve. Une verve pourtant qui gardait toujours quelque chose d'un peu sarcastique et de contenu. Par exemple dans des dîners d'artistes, où il fallait bien que toute froideur désarmât devant la bonne humeur exubérante, les discussions animées, l'énormité amusante des charges, des haines et des espérances. Entre autres un de ces dîners réunissait habituellement Barye, Français, Geoffroy Dechaume, le bon Corot, Lavieille, Daumier, et d'autres encore. Au dessert, je ne sais quelle folle idée poussant les convives, on avait pris l'habitude de défiler devant un grand diable de Jupiter du Vatican, que tous, réunis dans les mêmes antipathies, chargeaient de toutes les imprécations destinées à l'Institut. Chacun défilait à sa manière; certains ne pouvaient étouffer leurs rires; et une des curiosités attendues, c'était le tour de Barye. « Allons! s'écriait gaiement Corot, il a été très digne! »

Ces lueurs étaient rares, d'ailleurs, et le plus souvent Barye vivait plongé dans son austérité préférée. Qui sait s'il ne trouvait pas, dans cette volontaire habitude de calme hauteur, une sorte de narcotique contre les espoirs déçus, les chagrins immérités? Un homme ne peut avoir la mine riante quand il se raidit pour porter un fardeau. Or, le fardeau contre lequel Barye se raidissait toute sa vie était d'une triple nature : les difficultés de la vie, les soucis intérieurs et l'indifférence du public. Sans compter le poids le plus lourd : celui d'une pensée puissante sans cesse en travail.

De là le droit chèrement acquis de porter le front un peu plus haut que le reste des hommes et de communiquer un peu moins souvent avec les indifférents.

— C'est un Romain! s'écriait un jour un de ses amis, frappé de sa marmoréenne majesté.

— C'est plus qu'un Romain, répliquait Chenavard : c'est un Carthaginois!

L'artiste avait d'ailleurs conscience de l'effet que pouvait parfois produire cette apparente froideur sur des interlocuteurs d'une nature différente de la sienne, et il en tentait alors une explication : « Que voulez-vous, disait-il avec franchise, les hommes peuvent par tempérament se diviser en deux catégories : les parleurs et les écouteurs; les uns sont nécessaires aux autres; pour moi, ma nature est d'être un écouteur. »

LIONNE MARCHANT.

Dessin de Lançon, d'après le bronze de Barye.

Ce dernier trait, qui a d'autant plus de valeur qu'il émane de Barye lui-même, c'est-à-dire d'un homme qui s'était de tout temps exercé à tout étudier, à tout connaître, y compris lui-même, nous servira à compléter sa physionomie. Nous y voyons un incessant besoin de renseignements, d'observations. C'est l'aliment essentiel de la pensée. Car autrement c'est une terrible faculté, qui s'use et se nourrit d'elle-même si on ne prend soin de la renouveler par de continuels matériaux. Par les oreilles autant que par les yeux, l'inspiration pénétrait dans l'esprit de Barye. Si son profond silence trouvait sa cause dans les épreuves que la vie ménage à tout homme et qu'elle prodigue surtout aux mieux doués, il trouvait aussi son encouragement dans les enseignements qui viennent à l'homme qui sait se taire. Ce n'était pas seulement pour mieux entendre sa pensée qu'il se taisait, c'était aussi pour pénétrer celle des autres.

Ainsi ont presque toujours fait les grands artistes ; ils ont pour la plupart le surnom de contemplateurs. Et il semble que l'on surprenne ainsi une recette sûre pour faire des chefs-d'œuvre : regarder toujours, écouter toujours, travailler toujours !

CHAPITRE III

Les grands animaux. — Esquisse d'une histoire de la sculpture animalière. — En quoi Barye diffère de ses devanciers. — Le *Tigre au crocodile*. — Le *Lion au serpent*. — Le *Lion au repos*. — Un mauvais procédé de l'État. — Le *Jaguar dévorant un lièvre*.

OURS DANS SON AUGE
d'après le modèle de M. Barbedienne.

Un philosophe plein de complaisance a baptisé un jour les animaux : les frères inférieurs de l'homme. Si nous sommes sincères, nous avouerons que cette infériorité n'est pas toujours éclatante. Ils ont le bonheur de ne pas connaitre de douleur plus vive que la souffrance physique. On les plaint d'être privés du langage : ils ont pourtant leur langage à eux, et singulièrement expressif; un langage qui ne sert pas, comme le nôtre, à déguiser la pensée. Nous concevons de l'orgueil parce que nous possédons la raison, dont nous faisons un si bel usage. Ils ont, eux, la suprême raison d'obéir à leur nature, et jamais leur nature ne leur donne une fausse indication. Leurs malheurs ne leur viennent pas, comme pour nous, d'eux-mêmes. Ils ont assez de qualités et des qualités assez perfectionnées pour que nous ne croyions pas nous décerner un mince éloge en nous attribuant « la force du lion, la prudence du serpent » ; un personnage dominateur est un aigle. Il y a même des hommes qui sont intérieurement flattés de se voir comparer à des singes pour la malice, à des renards pour la ruse, à des tigres même pour la férocité !

Que si nous laissons de côté ces considérations philosophiques pour aborder la simple question de beauté qui seule trouve place dans une étude d'art, nous ne nous lasserons pas d'en admirer de grandioses et d'infinies. Les grands animaux nous confondent de surprise par la souplesse et la force de leur allure, par la variété des attitudes, par l'imprévu des lignes et des mouvements, la rapidité de la course, tout cet incroyable caractère de puissance répandu dans tout leur être.

Aussi, de tout temps, l'homme a-t-il ressenti, en présence de l'animal, une émotion particulière, faite à la fois d'étonnement, d'inquiétude et de confuse sympathie. Aussitôt qu'il a tenté de bégayer un peu de ce sentiment du beau qui est le principe de l'art, un de ses premiers efforts a été la représentation de ses compagnons muets. Dans les couches antédiluviennes, on a retrouvé des fragments de bois de renne, sur lesquels un guerrier ou un cultivateur, dans les moments de loisir, avait grossièrement tracé, avec une pointe de silex, la figure d'un cheval ou d'un bœuf. Sans doute, il se faisait de son modèle une idée plus ou moins exacte, mais c'était, encore une fois, une émotion exprimée. De ce naïf point de départ aux images si parfaites pétries par Barye, l'art de l'*animalier* a passé par des phases différentes, correspondant aux divers états des sociétés. Certes l'histoire serait curieuse et suggestive, de la simple représentation artistique de l'animal à travers les âges. Nous ne croyons pas qu'elle ait été tentée ; en peu de lignes, nous en esquisserons une théorie toute personnelle qui pourra être développée plus tard.

Au commencement, c'est une simple curiosité qui se traduit par une image rudimentaire : telles les ciselures primitives dont nous parlions. Mais bientôt les religions s'organisent et se formulent. L'animal est associé, incorporé à la théodicée, il devient dieu lui-même ; c'est sous la figure d'animal que les divinités apparaissent aux hommes, symboles pour les fondateurs, réalités pour les foules. C'est alors que les temples sont peuplés de dieux à tête d'épervier, d'ibis ou de bœuf. Les sphinx, mystérieuses combinaisons du lion et de la vierge, enfin toutes ces créations troublantes, nous pénètrent encore, à la distance de milliers d'années, d'une inquiétude respectueuse. Alors l'artiste est simplement l'esclave de la tradition. Il répète, sans oser regarder la nature, des formes canonisées. La vérité est absente de ces images ; parfois même le caractère dominant de l'animal divinisé subsiste à peine, ou est étrangement altéré.

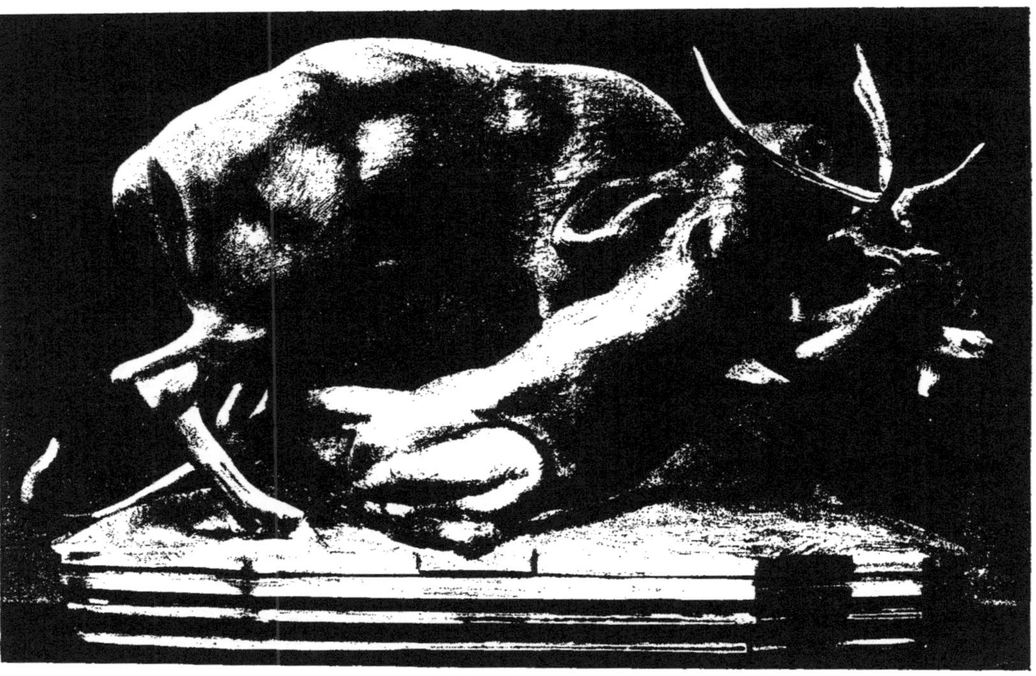

PANTHÈRE SAISISSANT UN CERF
d'après le modèle de M. Barbedienne.

Peu à peu, à la religion s'associe et se mêle la philosophie. On ne discute pas encore de façon décidée, mais on examine, on explique. On ose regarder ; c'est alors que l'art, conquérant sans cesse de nouvelles libertés, vient donner aux religions une jeunesse et un attrait nouveaux. L'animal cesse d'être dieu. Le véritable dieu c'est l'homme, et c'est sous figure humaine qu'on représente les divinités qu'il faut adorer. L'animal est relégué au rang d'esclave. Parfois d'adversaire, mais toujours finalement d'adversaire vaincu. Les lions eux-mêmes, les fiers lions trouvent pour les terrasser des Hercules. L'aigle est un escabeau pour Jupiter. A part de rares exceptions, comme Miron, qui trouve, devancier de Barye, un intérêt particulier à l'étude de l'animal pour lui-même, ces divinités déchues ne figurent plus dans l'art que comme des éléments secondaires et purement décoratifs.

Il s'est pourtant rencontré, dans l'antiquité, une étonnante exception. Les Assyriens nous ont laissé quelques sculptures d'animaux, les plus frappantes, les plus intenses de caractère qu'il ait été donné de voir : le *Lion blessé* du Louvre, par exemple, ou la *Lionne blessée* de Koyoundjik, qui est au *British Museum*. On pourrait citer encore d'autres admirables spécimens d'animaux assyriens ; mais ceux-là sont si dramatiques, de proportions si belles, d'un mouvement si effrayant, qu'on ne peut s'empêcher de les étudier sans cesse. La lionne de Koyoundjik est si navrante avec sa pauvre échine brisée, les flèches qui la pénètrent de toutes parts, l'arrière-train rampant et déjà mort, les pattes de devant essayant encore de marcher, le plaintif rugissement qu'on entend sortir de la gueule froncée par la douleur. Le petit lion de bronze du Louvre est peut-être plus poignant encore. La précision anatomique est si grande, si sommaire que soit le procédé ; cet énorme vomissement de sang, cette tête puissante soudain vieillie par la souffrance, racontent si éloquemment une force colossale brusquement anéantie, qu'on ne s'explique pas comment des artistes aussi inexpérimentés, aussi embarrassés pour tout autre chose, ont pu atteindre un pareil degré de vérité et de vie. On ne se l'expliquerait pas du moins, si on ne se disait pas qu'ils n'ont eu qu'à être sincères. C'est la seule sincérité qui a fait d'eux des devanciers.

Cette exception notée, les trois grandes phases de l'iconographie animale sont les suivantes : l'animal dieu, dans l'âge des religions ; l'animal esclave, dans l'âge des philosophies ; l'animal document, dans l'âge des sciences, qui est le nôtre. Il faut cependant noter une phase intermédiaire entre les deux dernières. Après l'antiquité, le Moyen-Age s'est également servi de l'animal dans l'art, mais à un point de vue différent, assez complexe. Il l'a déformé à plaisir, au gré de la plus multiple fantaisie. Il ne l'a point étudié; il s'est contenté de le voir avec l'imagination, le rendant invraisemblable et fantastique. Un but apparent, l'arrangement décoratif; un but caché, l'enseignement par la laideur : l'animal représente le péché sous ses innombrables aspects. Il importe alors de le rendre hideux, grotesque, terrifiant. Nous avons alors une combinaison étrange de l'animal divinité et de l'animal esclave : l'animal symbole. Il est bien divinité, mais divinité méchante; Satan revêtant les formes les plus repoussantes; esclave révolté, qui mord et qui bave, mais qu'on écrase.

Les temps qui suivirent le Moyen-Age tentèrent bien de revenir à l'étude de la nature, mais avec les souvenirs de l'antiquité toujours présents devant les yeux. Aussi la Renaissance, tout en produisant de remarquables figures d'animaux, n'a-t-elle pas attaché au sujet une importance exclusive.

Il a donc appartenu en propre à notre temps, si épris de découvertes, de recherches exactes, de vérités tangibles, de ne plus faire d'une *personne* aussi originale, aussi autonome, un perpétuel et parfois invraisemblable accompagnement des actions humaines, mais bien de tout connaître de ces modèles, de retracer leur vie, de pénétrer leurs passions, de leur donner, en un mot, un dossier complet et saisissant. Et c'est un artiste de génie qui s'est chargé de cette besogne.

Ici encore il faut prévenir tout malentendu. Certes, les animaux de Barye constituent un magnifique ensemble documentaire. Mais Barye n'est pas un pur *naturaliste*. On est revenu, à l'heure présente, des exagérations d'une école qui n'a duré qu'un temps, et qui s'est chargée elle-même de nier les théories qu'elle avait bruyamment défendues. Toute œuvre d'art qui ne s'appuie pas sur la vérité n'est pas viable, mais si elle ne s'appuie que sur la vérité elle est incomplète. Il y a donc dans l'œuvre de Barye un document nouveau, que seul l'art assyrien avait fait entrevoir. Mais il y a encore quelque chose de plus, et c'est cet élément que nous essaierons de dégager. Nous ne nous servirons pas d'autres exemples, pour cette recherche, que des figures d'animaux de grande dimension. Une fois que nous tiendrons cette sorte d'esthétique générale, l'innombrable armée des petits bronzes s'animera pour nous, et l'œuvre entier n'aura plus pour nous d'obscurités.

La première œuvre décisive fut le *Tigre dévorant un crocodile*, du Salon de 1831. Un exemple curieux d'intelligence, de bonne volonté et en même temps d'hésitation, fut donné par le critique du *Journal des Débats*, M. Delécluze : « Cette singulière composition, écrivait-il, est de M. Barye, qui a fait aussi le modèle de *Saint Sébastien*, fort remarquable par le naturel de son attitude et la vérité des détails. Cependant, le tigre qui tient le crocodile étreint dans ses pattes et le reptile que la douleur fait se retourner sur lui-même, forment un groupe si vrai et si effrayant tout à la fois, que du moment que l'attention s'est portée dessus, on ne saurait s'en distraire. *Quoique les êtres représentés dans ce morceau de sculpture semblent en rendre le genre moins élevé*, moins important, cependant la vie est rendue avec tant de force et de passion dans ces deux animaux, que nous n'hésitons pas à regarder le groupe qu'ils forment comme l'œuvre de sculpture la plus forte et la meilleure du Salon. »

Nous avons souligné quelques mots à dessein. On ne comprenait pas encore très bien, à ce moment, ce que les grands artistes de tous les temps ont cependant prouvé avec tant de clarté et de force : qu'il n'y a pas en art de genres plus ou moins élevés. Voilà donc un critique qui sentait vivement tout ce que la tentative de Barye avait de révélateur, puisque ses yeux ne pouvaient pas se détacher du groupe une fois vu. Mais il se croyait obligé, pour le lecteur, et par acquit de conscience, de faire une réserve sur le choix du sujet.

Une autre critique, de beaucoup plus précise, et qui ne fut pas perdue pour Barye, était formulée par Gustave Planche : « *Un tigre dévorant un crocodile* se distingue surtout par une grande vérité d'attitude, par une grande finesse de modelé. Je suis fâché que l'auteur ait choisi les proportions d'une demi-nature.... Il y a de la rage dans le tigre qui dévore, et de la souffrance dans le crocodile qui se tord sous les dents. *Je reprocherai à M. Barye d'étouffer la vie de ses animaux sous une multitude de détails reproduits trop petitement.* J'aimerais cent fois mieux que les détails fussent moins nombreux mais plus fortement accusés : la complication de l'étude et de l'exécution donne à l'œuvre un caractère inévitable de sécheresse et de dureté. Ici, il y a excès de conscience, une patience dépensée à profusion ; c'est un défaut facile à corriger. Moins littéralement exacte, la sculpture de M. Barye serait plus grande et plus belle ; elle serait moins réelle, mais plus vraie ; elle gagnerait en élévation

LE LION DE LA COLONNE DE JUILLET.

ce qu'elle perdrait en fidélité puérile. Toutefois, malgré ces critiques, le groupe de M. Barye est admirable.... Il a bien fait de suivre son goût et de s'isoler ainsi de toute imitation. Qu'il essaie et il le pourra sans peine, de substituer, à son exactitude un peu hollandaise, plus de largeur et plus de hardiesse. »

Ici, la critique, encor qu'un peu appuyée, était assez juste, et nous verrons plus tard Barye, comme tous les artistes sûrs d'eux, arriver aux grandes simplifications, qui donnent en effet tant de force à une œuvre. Certains détails du *Tigre au crocodile* rappelaient un peu le ciseleur. Dans la plinthe, notamment, le sculpteur s'était complu à combiner mille petits ornements d'un trop grand fini : feuilles, serpents, insectes, coquillages. Cela était significatif. D'ailleurs l'œuvre avait, à tout prendre, un singulier caractère de passion, qui devait, malgré sa sobriété, faire paraître bien froids tous les morceaux secs et conventionnels qui l'entouraient. Et c'est pour cela que les critiques sincères subissaient, sans pouvoir la formuler encore bien nettement, cette impression neuve ; de même qu'à la section de peinture, ils étaient entraînés, bon gré, mal gré, par la brûlante éloquence de *la Barricade,* que Delacroix exposait la même année.

Admettons donc, ce qui n'est pas rigoureusement exact, que la trop grande préoccupation du détail nuisît à la vie de ce groupe. Il n'en était pas moins un peu plus que la vie pour l'art de la sculpture ; il était la résurrection. Pour l'étude des grands mouvements et des passions dramatiques, Barye donnait la main à Puget, et reprenait directement la sculpture où il l'avait laissée. Quant au choix du sujet, on ne voyait pas quelle profonde pensée philosophique il exprimait ; on ne voulait pas aller plus loin que la bête et ce n'était pas assez.

Un troisième écrivain nous aidera peut-être à comprendre. « Quelle énergie, quelle férocité et quel frisson de convoitise satisfaite sur cette échine crispée, courbée en arc, dans ces pattes aux coudes ressortis, dans ces hanches saillantes, dans ces flancs pantelants, dans cette queue convulsive, et comme le pauvre monstre écaillé se tord piteusement et douloureusement sous cette étreinte inéluctable, entre ces griffes aussi aiguës que des poignards ! Jamais les luttes de la nature et les fatalités de la destruction ne furent rendues d'une manière plus profonde et plus puissante ! »[1]

1. Théophile Gautier : *l'Illustration*, année 1866, article sur Barye.

Nous passerons sur ce qu'a de romantique le luxe des adjectifs dans la première partie de la description. Mais Théophile Gautier dit dans une phrase tout ce que les autres n'ont pas su exprimer en des pages entières, peut-être même ce qu'ils n'ont pas deviné. Ils n'ont vu le groupe qu'avec des yeux de critiques, et ils n'ont noté sur leur calepin que l'effet des lignes, les détails de l'exécution. Eh bien, ce qu'il y avait précisément d'important à dire, c'est ce que dit Gautier : c'est qu'on peut retracer autrement qu'avec des personnages empruntés aux traditions, aux histoires ou aux mythologies, ces fatalités naturelles, cette lutte pour la vie, cette incessante destruction qui perpétuellement fait, défait et refait le monde. C'est que l'on trouve dans la nature elle-même tous les éléments nécessaires pour donner la formule pittoresque de ses grandes lois.

Certainement, personne avant Barye n'aurait songé à montrer, du *Struggle for life*, une représentation aussi dramatique, aussi saisissante. Mais la surprise allait être encore plus grande en 1833, avec le *Lion au serpent*. Car cette fois le statuaire, se mesurant plus directement encore avec la vie, donnait à son œuvre les proportions mêmes de la nature.

Dans l'étude que nous venons de citer, Théophile Gautier, parlant du *Lion au serpent*, dit plaisamment que les vieux lions poncifs, répandus dans les jardins publics, faillirent à sa vue laisser échapper la boule qui leur sert de contenance. Et le maître écrivain fait de ces bêtes serviles, conception d'académies décrépites, une description bien amusante : « Ils ont des perruques de marbre à la Louis XIV, de celles qu'on appelait in-folio, dont les boucles, correctement frisées, leur descendent jusqu'à l'échine. Leurs faces débonnaires, aux traits presque humains, ressemblent à des masques de pères nobles dans la vieille comédie ; leur corps flasque, arrondi, sans os, sans nerfs, et comme bourré de son, n'a ni souplesse, ni vigueur, et leur patte soulevée s'appuie sur une boule : geste peu léonin, il faut l'avouer. »

La patte sur une boule ! Conçoit-on suffisamment ce que cette idée a de grotesque, ce qu'elle a d'humiliant non pas pour le lion superbe, inconscient de nos présomptions, mais pour l'homme qui avait l'audace de la réaliser ? Il y a comme cela des gens qui, devant les plus austères, les plus imposantes beautés de la nature, sont incapables de communication. Si le malheur veut qu'ils aient pris pour métier la peinture ou la sculpture, de préférence à tant d'autres qui seraient plus à leur portée, c'est avec une véritable fureur qu'ils feront sentir, dans leurs œuvres, leur manque d'émotion. Ils se garderont bien de se sauver par un peu de sincérité, par la simple et plate exactitude : au contraire, ils auront d'extraordinaires manies d'arrangement. La nature est par eux reçue à correction ; lorsqu'ils font œuvre d'imagination pure, leur caprice enfante les contresens les plus réjouissants. Certes, ils ont appris aujourd'hui qu'il est ridicule de représenter un lion avec une boule sous la griffe en manière de joujou. Mais soyez certains qu'ils sont en train d'inventer autre chose qui dépasse même cela en drôlerie. Nous sommes si tolérants que ces choses ne nous choquent point et passent dans l'ensemble de l'énorme production annuelle.

Et notre indifférence va si loin que les fauves comiques, raillés par Gautier, sont encore en possession de leur piédestal pour de longues années. Vous les pouvez voir en vous promenant, devant le palais de l'Institut ou aux Tuileries, leur sourire bonasse a pris des airs narquois, et ils ont maintenant l'air de se soucier fort peu du terrible voisinage du *Lion au serpent.*

Celui-ci, vous le découvrirez avec un peu de persévérance, solitaire sur la terrasse la moins fréquentée, comme si on avait voulu qu'il ne fût visité que par les initiés. De plus, on lui a conservé une exposition si défectueuse, que, la plupart du temps, il ne peut être vu qu'à contre-jour ou, de l'autre côté, avec un recul insuffisant. Les dimensions du piédestal sont si mal calculées que le regard plonge directement sous le ventre de l'animal et qu'il faut un effort pour bien saisir le mouvement, l'effrayant naturel de la pose. C'est ainsi que la négligence administrative a relégué, dans une place indigne de lui, un des chefs-d'œuvre non-seulement de la sculpture contemporaine, mais encore de l'art de tous les temps.

Malgré toutes ces conditions défectueuses, au premier examen, le drame s'empare puissamment de l'esprit. Il est rendu d'une manière à la fois si sobre, si claire et si énergique, l'instinctif mouvement de dégoût et de colère qui secoue dans un terrible frisson toute la bête exaspérée ! Toute la force de ce corps semble s'être portée dans la partie antérieure, pour mieux écraser le hideux ennemi. Aussi la tête et les épaules énormes, la crinière hérissée, vous étonnent-elles par leur masse, tandis que dans le dos qui se bombe on sent un souffle haletant qui soulève les côtes et fait onduler les vertèbres. Il sort, ce souffle, enfiévré et brûlant, de la gueule ouverte, aux crocs menaçants. Les naseaux sont horriblement contractés et froncés ; les petits yeux, malgré le ton mat du

ÉLAN SURPRIS PAR UN LYNX.

Dessin de Lançon, d'après le bronze de Barye.

bronze, semblent étincelants, plus brillants que les parties environnantes : ils jettent de véritables éclairs. On ne voit pas seulement cette formidable fureur ; on l'entend ! De cette gueule enflammée et de ce mufle grimaçant s'échappe une sorte de « renâclement » continu, qui affecte les yeux d'une manière si vive, presque si insupportable, que les oreilles sont certainement sollicitées aussi, et doivent prêter une partie de leur force nerveuse.

Il n'y a aucune exagération dans cette analyse de la sensation produite par une œuvre d'art. Quand elle est venue d'un pareil jet, quand l'artiste l'a pensée, pétrie, parlée, quand tous ses sens ont concouru à son achèvement, comment ne répercuterait-elle pas à jamais sur le spectateur, à travers la rigidité de la matière, tout ce que l'auteur y a mis de mouvement et de sincérité? Barye, quand il sculptait son lion, l'entendait grogner ; il le sentait palpiter et gonfler ses flancs, cela est certain ! Sans cela, il n'aurait pas pu lui communiquer cette passion, lui incorporer ce rythme visible. Oui, dans toutes les grandes œuvres, dans toutes celles qui sont durables, tout notre être est intéressé. Nous entendons positivement le chant pur et gracieux que psalmodient les enfants dans les bas-reliefs célèbres de Luca della Robbia. Une humble nature morte de Chardin humecte notre palais ; cela n'a point goût de peinture. Dans le *Naufrage de la Méduse*, nos oreilles sont douloureusement effrayées par les lambeaux de cris d'appel qui nous parviennent, entrecoupés par le mugissement des vents et de la mer. Prenez tous les temps, prenez tous les maîtres, et leurs œuvres, pour peu que vous les sentiez vivement et avec sincérité, vous apparaîtront avec cette triple qualité : la forme solide, qui est l'apparence immuable et tangible que l'artiste leur a donnée, et, d'autre part, le mouvement et la sonorité, qui sont des réalités invisibles, augmentant d'intensité en raison directe de votre personnelle émotion.

C'est une émotion de ce genre qui s'empara du public en 1833. Le public ne raisonne pas ; il ressent. Peut-être, dans certains cas, une série d'œuvres raffinées lui échappe ; mais il se trompe rarement aux choses puissantes et élevées, quand elles sont simplement conçues et largement exécutées. Le lion de Barye, possédant au plus haut degré ces qualités primordiales, fut défendu par le public lui-même contre les coteries trop savantes, et par suite trop bornées. « Le *Lion* exposé en 1833, dit Gustave Planche, excita un cri général d'étonnement parmi les partisans de la sculpture académique. Bientôt l'étonnement fit place à la colère, car le public, en dépit des remontrances que lui adressaient les professeurs et tous ceux qui juraient d'après leurs maximes, s'obstinait à louer Barye comme un artiste aussi heureux qu'habile. »

Lorsque le groupe revint au Salon de 1836 sous la forme définitive de bronze *à cire perdue*, le même salonnier fit ces justes observations : « Nous avons enfin cette année le beau *Lion* de M. Barye. Le modèle exposé il y a trois ans a été parfaitement réussi par Honoré[1]. Le praticien le plus habile n'aurait pas sans doute traduit aussi fidèlement la pensée de l'artiste; c'est pourquoi nous nous félicitons que cet ouvrage n'ait pas été exécuté en marbre. Il y a, dans la manière de M. Barye, une réalité de détails qui dérouterait les habitudes du ciseau, et lorsqu'elle prend la place de la cire, lorsque la cire elle-même a été retouchée par le statuaire, l'œuvre définitive conserve tout le charme de la glaise et semble sortir des mains de l'auteur. Il ne serait pas difficile à M. Barye de former des élèves qui, sous sa direction, tailleraient le marbre en vue de la réalité, et substitueraient aux masses convenues les détails de la nature. Mais, pour arriver à ce résultat, il faudrait des occasions nombreuses, et jusqu'ici les occasions ont manqué. En attendant qu'il plaise à l'intendant de la liste civile de fermer les Tuileries aux lions d'ornement, c'est-à-dire aux lions insensibles de M. Plantard, qui sont des lions de carnaval, M. Barye fera bien de préférer le fondeur au praticien. »

Planche nous met de nouveau, sans bien la formuler lui-même, sur la voie d'une autre observation importante. Sans aucun doute, le bronze est la véritable matière qui convient à Barye. Le marbre a des délicatesses, des transparences exquises qui seraient perdues. Il ne se prête pas aussi bien aux recherches de *couleur*, car la couleur est bien une des plus grandes préoccupations et une des plus saillantes qualités du maître. Dans le marbre, la lumière se trouve diffuse, absorbée, et en quelque sorte tamisée. Le bronze, au contraire, permet les plus violentes oppositions, tantôt accrochant les rayons, et les émiettant, tantôt les réfléchissant sur une surface polie, tantôt leur demeurant inaccessible grâce aux plus sombres rugosités. Le travail du fondeur et du ciseleur peut rapprocher et combiner tous les extrêmes : extrême poli, extrême rudesse. Voyez, par exemple, dans le groupe que nous

1. Honoré Gonon et ses fils.

étudions, quelle différence de contexture présentent le pelage obscur et hérissé du lion, et le corps uni et visqueux du serpent. Ce serpent, dont nous n'avons pas encore parlé, joue pourtant dans le dialogue un bien curieux rôle. Toute sa longue enveloppe s'enroule, s'enfle et se tortille dans une impuissance révoltée. Il redresse sa petite tête plate, darde sa langue qui siffle. Et si nous comprenons aussitôt la nausée du lion, c'est que le bronze, souple et poli, donne au monstre une apparence réellement flasque et gluante.

Ainsi, dans cette œuvre capitale, tout concourait, jusqu'aux moindres détails matériels, à rendre la profonde pensée de l'artiste. Après le *Tigre au crocodile*, cette symbolisation des luttes acharnées pour la vie, des destructions faméliques nécessaires à l'équilibre du monde animé, le *Lion au serpent* était venu raconter les antagonismes de nature, les instinctifs éloignements des races entre elles. Dans le premier, il y avait toute la poésie sanglante de la faim ; dans le second, toute la passion théâtrale de la haine. Pour être jouées par des animaux, ces deux scènes n'offraient pas un sens moins philosophique et une leçon moins grave que si le sculpteur avait choisi des personnages humains.

Barye allait, quelques années après (1847), tenter un effort plus hardi encore. Avec le *Lion au repos*, il nous donnait, sans recourir à un drame quelconque, sans appeler à son aide le moindre repoussoir, l'idée de l'éternelle force et de l'éternelle majesté de la nature. Cette fois, il semblait tout d'abord que l'artiste eût tenu compte des légitimes observations de la critique, car cette œuvre nouvelle montrait l'abandon résolu des détails trop minutieux. Il n'était plus procédé que par grandes lignes, par plans vigoureux et sommaires, et l'œuvre y gagnait en solidité, en logique et en caractère. L'œil, n'ayant plus de distraction possible, saisissait d'un seul coup la puissante tranquillité, la fierté auguste de cette silhouette. Que dire, et à quoi bon les descriptions en pareil cas ? C'est un lion assis, conscient de sa puissance, depuis ses pattes solidement arcboutées jusqu'à sa tête levée et penchée de côté. Est-ce qu'il méprise ? Est-ce qu'il commande ? Est-ce qu'il veille ? Il fait tout cela. Pour le moment, il se repose et dédaigne, si prompte que soit sa vigilance, si soudaine que puisse se manifester, en cas d'attaque, la détente des muscles, des griffes et des mâchoires. C'est parce que l'on devine toute cette vigueur sous tout ce calme, que l'on ne peut rien imaginer qui condense en une image plus frappante l'idée de la force sûre d'elle-même.

TAUREAU TERRASSÉ PAR UN OURS.

Dessin de Lançon, d'après le bronze de Barye.

De tous les animaux, c'est le lion qui donne cette impression au plus haut point. En même temps, son allure est si imposante, si réglée, qu'il inspire aussi l'idée de loyauté et de justice. Voyez, de tous les vaincus, de tous les misérables captifs que notre ruse fait tomber en notre pouvoir pour servir à l'amusement ou à des satisfactions de vanité, il est le seul dont on n'ose pas rire, ou qui ne cause pas une aversion. Le tigre lui-même, avec la beauté incomparable de sa robe veloutée, la souplesse infinie de ses ondulations cadencées, a un regard tellement cruel, une gueule si sensuelle, des babines si avides de sang, que l'on ne peut le considérer longtemps sans une antipathie pleine d'effroi. Dans la masse énorme de l'éléphant, il y a une difformité, un contraste démesuré entre la lourdeur de tout le corps et l'habileté de la seule trompe, délicate et exercée comme la main d'une vieille fille. L'intelligence est si attentive aux petites choses, que nous considérons ce colosse comme un gros camarade. Mais le lion, nous le sentons au-dessus de nous; nous lui avons fait la politesse de le nommer le roi des animaux et on dirait qu'il s'en doute fort bien. Il n'est pas, dans la ménagerie d'un dompteur de dernier ordre, un lion, le plus vieux, le plus asservi, le plus abruti, qui n'ait à chaque instant dans l'œil des réveils de majesté, et son ennui résigné est plus imposant que la plus bouillante colère de son maître.

Quand il marche, de long en large, avec ce roulement des épaules qui décèle une si indémollissable ossature, des muscles si contractiles, des tendons si trempés, quelle sentinelle on rêve! Aussi l'a-t-on employé à garder les monuments qui commémorent ou conservent la notion de justice. Barye nous a donné un de ces formidables gardiens dans le bas-relief de la colonne de Juillet. On en voit ici la reproduction, et il serait inutile d'en donner un bien long commentaire, d'autant plus que, si beau qu'il soit, si noble que soit son port de tête, si accentué que soit le mouvement rythmique de sa marche, nous gardons pour le *Lion au repos* une admiration plus grande.

Du moins il n'a pas, ce lion de Juillet, subi l'humiliation que l'on a infligée à notre lion assis! Voici, pour l'édification de ceux qui admirent de confiance les « deux lions de Barye » au guichet du pavillon de Flore, ce qu'il en est de cet incroyable trait de goût administratif: On résolut de demander à Barye un *pendant* à son *Lion assis*, ce qui était déjà méconnaître grossièrement la beauté de l'œuvre. — Un morceau de cette envergure est-il destiné à faire une borne? — Puis, comme le sculpteur, répugnant à diminuer par cette répétition le caractère de son travail, demandait un prix élevé de la commande, dans l'espoir qu'on y renoncerait, l'administration des Beaux-Arts passa outre. On fit faire du lion un *retournage* à la mécanique : le produit ainsi obtenu regardait à droite, tandis que l'original regardait à gauche. Cela fut économique et criminel. Barye fut cruellement froissé. Mais comment résister ? Un sculpteur a des ménagements à garder avec l'État, si indépendant qu'il soit. Il fallut se résigner, et voilà comment, au lieu de cette grandiose figure que l'on devrait mettre à une place d'honneur dans un des plus beaux endroits de la ville, nous avons un simple portier, flanqué d'un Sosie imposé. Pour achever l'indignité du traitement, l'architecte impérial fit placer les lions sur des piliers assez élevés pour que le coup d'œil pût se combiner avec les lignes gracieuses des guérites du factionnaire. Il n'est pas de chef-d'œuvre qui puisse résister à de pareils procédés. Il faut espérer que l'on se montrera plus soucieux, quand Barye sera enfin apprécié chez nous à sa juste valeur, de la destinée du *Lion au repos*. Qu'on le relève de cette indigne garde. Que l'on détruise son illogique pendant, au mouvement non voulu, à la fonte fruste et grossière ! Qu'on en fasse ce qu'on voudra, des gros sous, des cloches ou des chaudrons ; qu'il disparaisse, pour l'amour de Barye et pour l'amour de l'art français !

Mais que le vandalisme officiel ne nous fasse pas perdre de vue la démonstration que nous avons tentée. Nous avons déjà examiné trois des plus importantes œuvres de Barye, parmi celles qui affectent de grandes dimensions. Nous avons également indiqué leurs caractères bien distincts. Nous en voulons prendre encore une, que nous classerons parmi les grandes, bien qu'elle n'ait, comme le *Tigre au crocodile*, que les proportions d'une demi-nature. C'est encore, relativement aux petits bronzes que nous étudierons dans le chapitre suivant, ce que l'on doit appeler une grande figure, et c'est à coup sûr une des plus justement célèbres : nous voulons parler du *Jaguar dévorant un lièvre*.

Il serait au moins téméraire d'en risquer un commentaire descriptif, quand un maître comme M. Edmond de Goncourt s'est mesuré avec l'œuvre de Barye. Aussi nous bornerons-nous à citer le morceau qui est d'une forme superbe, en même temps que d'une rare exactitude :

« Le jaguar, le poitrail sorti de terre, est accroupi sur ses pattes de derrière, le ventre entré dans le sol. Arcbouté sur sa patte gauche, dont la large tête de l'humérus fait saillie au-dessus de la ligne serpentante et effacée et retractée de tout le corps, il fouille d'un mufle à l'aplatissement presque vipérin, les entrailles d'un lièvre, il fouille, le cou tout sillonné d'énormes gonflements. Le rampement famélique, l'avalement de la croupe mamelonnée de puissantes contractions nerveuses, le repliement des deux pattes de derrière rassemblées, écrasées sous la bête, la tranquillité du dos où la peau un peu relâchée se plisse sur les côtés, le dénouement de la queue où persiste dans la torsion du bout comme un reste de force colère, les terribles froncements de la face, l'ampleur des mâchoires en joie, le rabattement des petites oreilles tressautantes, le travail de la robe, travail sans relief, travail de rayures couchées dans le sens du poil, le grand dessin des raccourcis, la savante opposition des parties de musculatures au repos qu'on dirait somnolentes, et des parties de musculatures en action, comme inquiètes et encore éveillées : tout ce surprenant mélange de détente et de ramassement de vigueur animale, font de ce bronze une de ces imitations de la nature vivante, au delà de laquelle la sculpture ne peut aller. Oui, en vérité, ce *Jaguar dévorant un lièvre* est la parfaite représentation, chez les grands félins, de la succion jouisseuse, de la volupté gourmande du sang[1]. »

Le *Jaguar dévorant un lièvre* est donc une nouvelle affirmation, sous une forme plus fouillée peut-être, avec un thème plus émouvant encore que dans le *Tigre au crocodile*, de la même idée de féroce destruction. Il y a plus de sang, dans celle-ci ; le drame dans l'autre est plus bizarre et plus fantastique.

Ce ne sont que des nuances pittoresques, des différences qui jettent justement la variété dans l'ensemble d'une œuvre. Mais depuis le tigre de 1831, jusqu'au jaguar de 1850, en passant par les lions de 1833 et de 1837, nous assistons à l'évolution d'une pensée unique, maîtresse d'elle-même, à la marche ascendante d'un talent souverainement sûr et éloquent. C'est surtout une manifestation d'art comme les siècles passés en ont rarement présenté, et jamais d'une manière si éclatante. Nous avions çà et là de superbes pièces isolées; mais ici, nous nous trouvons en présence d'un ensemble considérable, où la cohésion se maintient parfaite, le souffle toujours égal à lui-même. Sans doute, d'autres artistes se sont aussi exercés à retracer la physionomie des fauves caprices de la création.

1. Edmond de Goncourt, préface du catalogue de la vente Sichel, 27 février 1886. Imprimerie de *l'Art*.

Il suffirait de rappeler les admirables dessins de Rembrandt qui, en quatre coups de plume et une teinte de lavis, couchent sur le papier de grands lions rêveurs, ou à l'affût, prêts à s'élancer. On ne pourrait non

TAUREAU CABRÉ ATTAQUÉ PAR UN TIGRE.

plus éviter le souvenir des études où Delacroix a fait passer toute la fièvre de son imagination, toute son intelligence du mouvement : dans telle aquarelle s'ouvre la gueule d'un tigre ou d'une lionne en un bâillement impatienté qui donne le frisson; telle lithographie de lion dévorant un cheval peut se comparer comme intérêt dramatique et comme richesse de coloris à une pièce de la *Légende des siècles*. Mais tout ce que nous trouvons épars dans les rapides études ou dans les rares essais des artistes géniaux, à diverses époques, Barye l'a rassemblé. De ce qui était pour eux une curiosité passagère, il a fait un immense et unique domaine. Ce qu'ils avaient saisi à la course, il l'a fixé!

Et maintenant, avant de clore ce chapitre, nous pouvons nous poser une dernière question. Nous avons vu que Barye avait poussé les études aussi loin qu'un artiste pouvait le faire. Nous l'avons suivi au Muséum où il contemple sans cesse la nature; à l'amphithéâtre où il approfondit la connaissance de l'anatomie comparée, où il rapproche les mesures des parties d'un même animal, et des différents animaux entre eux. Nous l'avons montré, observateur infatigable, physionomiste exercé, complétant toujours par de nouveaux documents son bagage de savoir.

Évidemment cela peut expliquer en grande partie l'étonnante exactitude qui règne dans les œuvres que nous avons examinées. Mais enfin cela n'explique pas autre chose que la forme, les dimensions, le caractère même, et il y a autre chose qui demeure mystérieux. Si ces ouvrages étaient simplement frappants de ressemblance, surprenants de mouvement et de vie, ce ne seraient que d'admirables portraits. Or ce sont des œuvres d'art uniques, et parmi les plus élevées qui soient. Elles donnent l'impression de la réalité, mais en même temps une sensation supérieure. Il faut donc que Barye ait observé l'inobservable. Où aurait-il pu assister à une lutte aussi affreuse que celle du tigre contre le crocodile; un dialogue aussi voisin du rêve que celui du serpent et du lion? Où aurait-il vu, même, un lion aussi majestueusement calme et fier que son lion au repos?

Nulle part ailleurs qu'en lui-même, et dans cette faculté d'évocation qui seule fait un maître. Ses grands animaux sont admirablement vrais parce que la nature a été étudiée d'aussi près qu'on peut l'approcher. Ils seront éternellement émouvants parce que l'auteur a fait un effort pour aller au delà de la nature.

Et avec Barye nous arrivons à cette définition de l'artiste de génie : un inventeur de vérités.

CHAPITRE IV

Les petits animaux. — Ce qu'on peut voir dans un serre-papiers. — *Le Lion qui marche*. — Le drame. — Le genre familier. — L'élégie. — La gaieté de la bête. — Barye, La Fontaine, et les Japonais.

LIÈVRE EFFRAYÉ.
Modèle de M. Barbedienne.

Vers 1833, un célèbre artiste, un esprit élevé et sincère, Decamps, écrivait, à propos de Barye : « Ce génie piquant et original, aux aptitudes et aux études spéciales, qui eût décoré nos places de monuments uniques dans le monde, se trouve trop heureux de pouvoir formuler ses idées dans les maigres proportions d'un surtout d'un usage impossible, et finalement, il est triste de constater qu'un talent qui, seul peut-être, eût pu doter son pays d'un monument vraiment original, se voit réduit à la fabrication de *serre-papiers*. »

Ce mot fatal de « serre-papiers », qu'on a jeté à la tête de Barye, parfois pour le plaindre, comme faisait Decamps, le plus souvent pour le dénigrer, comme firent jusqu'au dernier jour les défenseurs du Grand Art (qui n'est pas toujours celui des grands artistes), cette appellation dédaigneuse, acceptons-la pour le moment, sans nous en inquiéter autrement, comme si elle était encore de mode.

Certes, le regret que formulait Decamps, nous l'avons déjà éprouvé, et nous aurons encore de nouvelles et meilleures occasions de le raviver. Pourtant, nous voici arrivés à l'examen de ce qui constitue, à proprement parler, l'œuvre de Barye, du moins la partie la plus connue, la plus célèbre, l'ensemble le plus considérable. N'eût-il produit, dans toute sa vie, que cette nombreuse armée de monstres minuscules, il mériterait à jamais le nom de grand artiste, égal des plus grands. N'en eût-il même produit qu'une vingtaine, une douzaine, cette gloire lui serait encore acquise.

Il semble donc qu'il n'y ait pas lieu, *à priori*, de regretter déjà trop vivement les indifférences et les injustices des contemporains. Féliciter ceux qui l'ont méconnu et négligé serait paradoxal, quoiqu'en somme nous y ayons perdu, comme disait Decamps, des « monuments uniques ». Remâcher les récriminations serait tomber dans le lieu commun et ne s'obstiner à voir qu'un côté de la vérité, puisque nous avons, pour nous consoler, des centaines de chefs-d'œuvre, quelles que soient leurs dimensions.

Et puis, si nous effleurons dès maintenant cette question de mètres et de centimètres, il faudra bien dire qu'il est vraiment temps de se faire une idée nouvelle de ce que les grammairiens de l'esthétique ont appelé *les convenances* de chaque art. Il faut que résolument les artistes se mettent à la portée, non plus de convenances, mais d'exigences nouvelles, sous peine pour eux de voir la vie impossible, et pour nous de voir l'art banni de notre vie. Les occasions de décorer des palais et des places publiques deviendront de plus en plus rares. Il ne se trouvera plus qu'un certain nombre de cas, restreints, nettement définis, dans lesquels le plus souvent la politique distribuera les travaux et les faveurs. Les grands hommes eux-mêmes, pour qui nous nous sommes épris dans ces derniers temps d'une frénétique et rétrospective admiration, auront tous un jour leur statue et ce dernier débouché manquera à la statuaire dans un temps prévu.

Notre vie s'est faite petite, personnelle, renfermée, *casanière*. L'art peut et doit s'éparpiller pour nous en mille productions de chevalets ou d'étagères. Un grand artiste ne dérogera point en faisant de petits tableaux ou de réduites sculptures. Sans même examiner s'il ne peut pas se montrer aussi puissant dans un cadre restreint que dans les vastes développements d'une coupole, ne pouvons-nous pas l'engager à se plier au rapetissement de la taille et des mœurs, à se rattraper, quant au reste, sur la pensée, et à ne pas se montrer plus difficile, sculpteur, que Barye ou les bronziers de l'antiquité, peintre, que Chardin ou les divins petits hollandais?

Pour la peinture, cette forme est depuis longtemps honorée et acceptée. Pour la sculpture, la formule de son emploi dans la vie intime n'est pas encore complètement dégagée. Pourtant des artistes, comme M. Rodin, ne dédaignent point de consacrer un robuste talent à l'exécution de figures dont la seule grandeur est dans la conception. Barye a été un des premiers de notre temps à ouvrir résolument la voie.

AIGLE EMPORTANT UN HÉRON.

Dessin de Lançon, d'après le bronze de Barye.

Et, pour en finir avec cette discussion, avant de passer à l'étude des serre-papiers, on se demande un peu en quoi le grand art sera tué si vingt personnes de goût possèdent chez elles, sous leurs yeux attentifs, une épreuve d'un chef-d'œuvre, au lieu que ce chef-d'œuvre, tiré à un exemplaire unique et dans des proportions colossales, soit exposé dans la rue à la curiosité de cent imbéciles et de vingt mille indifférents.

Barye, dans sa ménagerie intime, a traité à peu près tous les sujets, abordé tous les genres, son observation pénétrante s'appliquant à exprimer toutes les émotions. Rien que cette impression générale prouverait combien en art le choix du sujet importe peu. Les sentiments dont paraissent douées les statuettes d'animaux, majesté, colère, malice, douceur, sont dans l'esprit de l'artiste et dans le nôtre, et non pas dans les modèles eux-mêmes. Nous disons qu'un chien est intelligent parce que ses mouvements correspondent à nos volontés plus souvent que ceux des autres animaux. Nous disons qu'un lion est féroce parce que ses besoins le poussent à dévorer « force moutons » et même quelquefois à manger le berger. Mais rien ne nous prouve qu'il y ait dans le chien plus d'intelligence, dans le lion plus de férocité que dans tout autre animal. Le lion mange de la viande et le mouton broute de l'herbe parce que c'est leur particulière nature. La douceur du mouton est dans son tube digestif et dans ses mâchoires. Aussi toutes les émotions qu'excite en nous la vue d'un bronze de Barye sont des émotions humaines appliquées à des représentations d'êtres vivants qui ne possèdent en propre que la beauté de leurs lignes et l'intérêt de leurs mouvements.

Ces bronzes, comme tout véritable objet d'art, sont des prétextes.

Plutôt que de procéder par ordre chronologique, ce qui serait de mise dans une étude purement technique et catalogale, nous grouperons les petits animaux par genres, par caractères, prenant de chaque groupe les exemples les plus remarquables, et en avertissant d'avance qu'une pareille classification ne saurait avoir rien de rigoureux.

Le caractère dominant du talent de Barye, comme nous avons pu le voir, c'est la majesté, la dignité. Si le mot magistral n'était pas inventé (et quelque peu défraichi par un usage un peu trop libéral), il faudrait le mettre en tête de la liste des épithètes. On trouve donc, ouvrant le cortège, les grands félins dont Barye a su faire passer dans cette échelle extrêmement réduite, si on y pense, de 23 centimètres de haut sur 39 centimètres de large, toute la sereine puissance. Le *Lion qui marche*, et la *Lionne*, que les dessins de Lançon font bien comprendre ici, peuvent être présentés comme les plus majestueux de ces petits bronzes. Et, en passant, on nous laissera donner un hommage au regretté artiste qui sut étudier aussi pour son compte la vie des fauves et la rendre avec beaucoup d'accent et de couleur dans ses eaux-fortes et ses aquarelles [1].

Certes, si le malheureux quolibet de « presse-papiers » est amèrement ridicule, c'est bien dans le cas de ce *Lion qui marche*. Le jeu des muscles et des os est si parfaitement observé, chaque chose est tellement à sa place, depuis cette tête chevelue qui commence à se mettre en colère, jusqu'à cette queue qui fouette l'air dans une impatience, tandis que les pattes s'écartent et se rapprochent, que le regard *suit* le lion plutôt qu'il ne l'embrasse. Comment faire sentir par les mots la contractilité des griffes qui se posent, et tout cet extraordinaire développement de force dans la légèreté qui caractérise l'allure de ces machines ?

La lionne, je ne sais pourquoi, nous semble moins belle que le lion. Il y a contre elle comme une défaveur dans le public. Elle est trop unie, trop fine peut-être ; son caractère de simplicité déroute, à côté des fiers panaches de son maître. A quoi cela tient-il, et pourquoi, dans les espèces animales, la beauté, les vives couleurs, sont-elles plus souvent le privilège du mâle, alors que, dans l'espèce humaine, c'est incontestablement un partage inverse ? Ce n'est pas une illusion de nos yeux, ni un simple résultat du don de langage... Quoi qu'il en soit, avec sa belle tête fine, toute l'unité gracieuse de sa silhouette qui la rapproche plus de la chatte agrandie, que le lion de notre compagnon ronronnant, elle est là, rendue par Barye, avec une égale apparence de vie.

C'est la philosophie des déserts immenses, condensée dans le bronze

1. Nous profiterons aussi de cette occasion pour mentionner certains sculpteurs d'un réel mérite, qui à la suite de Barye ont contribué à faire à l'animal la place à laquelle il a droit dans l'art. Il suffira de citer M. Frémiet, successeur de Barye au Jardin des Plantes, qui a fait de la bête une étude approfondie et l'a combinée de la plus heureuse façon avec la figure humaine; M. Mène qui sut mettre beaucoup d'esprit dans ses figures de chevaux, de chiens et de renards; M. Cain enfin, qui plus heureux que Barye, a pu exercer une verve originale sur de grands travaux. Tout cela vaut infiniment mieux que feu Plantard ou les extraordinaires rivaux qu'on opposa à Barye à ses débuts : Fratin ou Fauginet !

souple, et réduite aux proportions d'un objet de bureau. Avoir devant soi tout ce rugissement qui marche, toute cette sanguinaire câlinerie des grands lions de l'Atlas ! Mais, grand dieu, si c'est un serre-papiers, cela ne peut être que le serre-papiers de Shakespeare ou de Victor Hugo !

Sans attacher une particulière importance au prix plus ou moins grand des matières qui entrent dans un objet d'art, nous pouvons dire, à titre de curiosité, que ce fameux *Lion qui marche* fut un jour fondu en argent. C'était à l'occasion du grand prix de 1865, gagné par Fille-de-l'Air, au comte de La Grange. La pièce, à laquelle Barye apporta tous ses soins, appartient actuellement à M. Walters, de Baltimore, le grand collectionneur américain des bronzes de Barye, de qui nous aurons à dire quelques mots.

Nous avons suffisamment caractérisé la royale allure des animaux du genre majestueux, pour ne pas entrer dans le détail des différents tigres, panthères, jaguars, léopards, couchés, marchant ou assis. Leur description n'offrirait qu'un intérêt de catalogue. Il suffira d'ajouter que chacun de ces personnages joue son rôle avec l'inquiétante exactitude dont nous avons déjà pénétré le secret. Tous font naître l'idée du carnage serein et fort pour lequel ils sont nés.

Mais où cette idée de destruction se manifeste et se développe dans toute son intensité, avec les multiples combinaisons du roman le plus richement imaginé, c'est dans les scènes à deux ou plusieurs animaux, dans celles qui, pour nous, composeront un deuxième groupe : le dramatique.

Là, c'est tout un monde de combats acharnés. Des os qui craquent sous des dents, des surprises féroces, des résistances désespérées, des cruautés goulues, les rencontres les plus inattendues, les luttes les plus impitoyables. Et tout cela, se heurtant, se choquant, s'entremêlant dans des convulsions d'agonie d'une part, d'avidité de l'autre. Les gueules boivent le sang à longs traits, se grisant du chaud breuvage ; les griffes s'enfoncent au hasard, comme dans une caresse égarée ; car la différence est bien peu grande entre les deux plus terribles pantomimes animales, celle du meurtre et celle de l'amour. De ces dialogues de mort, la conception est parfois étrange, mais l'exécution toujours grave, et en quelque sorte hautaine. Il semble que Barye ait jeté l'un contre l'autre deux adversaires inattendus, et qu'il ait saisi, avec un calme souverain, le moment où le combat atteint le paroxysme.

C'est par exemple, les tigres et les jaguars dévorants dont nous avons parlé, et qu'on retrouve, dans la collection, sous des dimensions réduites.

CHEVAL DEMI-SANG.
Dessin de Lançon, d'après le bronze de Barye.

C'est, encore, ce *Loup tenant un cerf à la gorge*, qui a l'intérêt d'un troisième acte de mélodrame, qui serait écrit dans la langue de Corneille. Le féroce chien sauvage s'est lancé d'un bond sous le cerf; deux galops qui se sont choqués en sens inverse; et il s'est accroché de toute la longueur tenace de ses canines. Le cerf est fixé au sol, et telle est l'intelligence du mouvement que l'on sent, en même temps que l'impossibilité de faire un pas, l'effort désespéré pour continuer de courir.

De même dans l'*Élan surpris par un lynx*, le menu agresseur, ayant, à l'inverse du précédent, sauté sur le dos de la victime. Ou dans la lutte puissante du *Taureau attaqué par un ours*. Ces deux grosses pièces auront quelque peine à être, l'une victorieuse, l'autre vaincue : le taureau est, même pour un ours, un morceau de résistance ; il ne s'avale point comme le lièvre par le jaguar.

Cependant voici encore un taureau ; mais cette fois terriblement compromis. C'est le *Taureau attaqué par un tigre*, une des plus belles pièces de l'œuvre, et dont il existe d'anciennes épreuves admirables. Ce taureau, que Barye a également représenté sans son adversaire, sous le titre de *Taureau cabré*, est peut-être, au point de vue du mouvement, un des plus lancés. A fond de train, tout le poids du corps portant sur les deux pattes de derrière qui vont le jeter en avant comme deux ressorts. L'avant-train paraît avoir une furieuse direction oblique, dont il serait bon pourtant de se défier, car il n'est pas de boulet qui ferait plus de ravages. Cette masse puissante du taureau se cabrant en avant et un peu de côté ne donne pas, chose curieuse, l'impression de la lourdeur, mais plutôt de mouvements légers dans une chose lourde.

Drame encore, ou plutôt monologue dramatique, *le Sanglier blessé*, un des derniers modèles de Barye. Cette fois l'adversaire a été l'homme, et ce n'est pas un croc, mais un épieu qui a fait la plaie, où il reste planté. L'animal peu beau, mais rudement dolent, exhale sa plainte rauque par l'hiatus de son groin.

Drame surtout *l'Ocelot dévorant un héron*, une pièce qui à notre avis n'a pas toute la célébrité qu'elle mérite, et que nous rangeons parmi les plus belles. La contraction considérable de tous les muscles du carnassier accroupi, contrastant avec la flaccidité de cet oiseau qui n'est plus qu'un paquet de plumes inanimé, excite peut-être plus d'émotion que ne ferait la lutte de puissants ennemis. La tête du héron surtout, une étonnante et navrante tête morte, avec des yeux éteints et un grand bec bête même dans la mort !... Une critique pourtant. Ceux qui ne connaissent point l'ocelot pourraient croire, à la vue du bronze, sans doute les proportions n'étant pas assez indiquées, qu'il s'agit d'un animal de plus forte taille. On peut d'autant mieux noter cette critique, qu'une insuffisance de ce genre est peut-être unique dans toute l'œuvre. Or, l'ocelot est une exquise et mignonne créature de petit tigre (allez le voir au Muséum), si veloutée, si caressante à l'œil, si mignonne, qu'on voudrait l'avoir sur ses

SINGE MONTÉ SUR UN GNOU.
Dessin de Lançon, d'après le groupe de Barye.

genoux, ou plutôt comme coussin sous la tête. Ne point se fier à ces douceurs, qui ont bon appétit dans leurs moments perdus.

Une autre critique, d'une portée plus générale, devra également trouver place ici, à propos de ces mêlées d'animaux. C'est que, par suite de l'acharnement même des luttes engagées, il y a parfois dans les lignes des groupes une certaine confusion, et que l'on a quelque peine à distinguer tout d'abord ce qui revient à chaque personnage. La silhouette manque alors de netteté. D'ailleurs on pourrait répondre que Barye n'a point songé à s'embarrasser de cette considération, et qu'il a préféré la réalité des faits, fallût-il un effort pour la comprendre. Aussi enregistrons-nous cette critique, qui a été formulée par d'autres, plutôt que nous ne la prenons pour notre compte. Car, après tout, ces grands passionnés, de la plus sincère des passions, la faim, ne peuvent apporter dans leurs assauts la même correction que des maîtres d'escrime à une séance d'académie d'armes.

Même, dans certains cas, cette confusion vient augmenter l'effet d'horreur et alors le drame tourne réellement au fantastique. Nous citerons, dans cet ordre d'idées, certains bronzes où Barye a représenté des serpents pythons avalant l'un une biche, un autre une gazelle, un troisième un crocodile ! Ici, ce n'est plus une chose qu'on puisse formuler. C'est un effroyable amoncellement de replis. Où ce hideux python commence-t-il ? On finit bien par apercevoir la petite tête plate qui engouffre ; mais ces nœuds mouvants et froids qui enserrent la proie et la pétrissent d'une torsion continue, comment Barye a-t-il pu en pénétrer le mystère ? Où a-t-il pu voir cela, et concilier la logique formelle du bronze avec la confusion désordonnée de cette vie la plus répugnante !

Et, après avoir esquissé à grands traits les caractères de grandeur et de passion qui règnent dans cette partie de la collection des petits bronzes, nous voilà amenés à indiquer des touches toutes nouvelles : le ton familier, léger, puis l'élégie, et même, chose plus inattendue, l'ironie, la gaieté, pour ainsi dire l'intermède comique dans toutes ces choses sombres.

Nos familiers seront, par exemple, une série de bassets, assis, debout, à poils ras, ou à longs poils. Sans doute Barye n'a point consacré de longs efforts à la représentation de notre esclave favori, bien qu'il eût étudié le chien d'une manière très approfondie; toutefois, il y a quelque bonhomie dans le rendu de l'intelligence éveillée, et de l'air attentif qu'ont ces bêtes courtisanes. Puis il faut noter quelques petits chevaux, *le Cheval demi-sang* entre autres, exécuté avec une telle simplicité, presque naïve, que l'on a besoin de regarder à deux fois pour se convaincre que c'est une merveille.

Familière aussi, la note des petits lapins, avec leur gros dos, leurs longues oreilles, le broutonnement obstiné qui leur secoue le nez et leur fait danser toute la peau.

CAVALIER ARABE TUANT UN LION.

Dessin de Lançon, d'après le groupe de Barye.

Quant à la légèreté, nous la constaterons surtout dans les études bien plus nombreuses que Barye a faites de toutes les familles de cerfs et de biches. Quelles vivantes dentelles de ramures portées haut, quelle gracilité des corps taillés pour la course, quelle élégante maigreur des jambes fines! Le bronze rend tout cela avec une sécheresse propre et nette, que l'on s'étonne de trouver après avoir vu la même matière se prêter aux effets les plus gras ou les plus rudes. Dans *le Cerf qui écoute* on sent l'animal prêt à détaler. Et une si surprenante agilité devinée chez les kevels ou les axis, arrêtés un moment dans leur galop, et qu'on s'étonne de voir encore là !

Il est juste de noter spécialement, parmi tous ceux qui rentrent dans cette classe, la beauté du geste chez *le Cerf qui frotte ses bois contre un arbre ;* la magnifique silhouette formée par le bois du *Cerf de Virginie couché*, qui retourne la tête sur lui-même pour se mordre avec la gravité que savent mettre les bêtes dans leurs humbles chasses à de microscopiques ennemis.

Nous avons dit qu'on pouvait trouver, chez Barye, la note élégiaque et tendre. C'est surtout à la *Gazelle morte*, ou bien encore au *Faisan blessé* que nous faisons allusion. La *Gazelle morte* excita, au Salon de 1833, l'émotion des critiques compatissants. Peut-être aujourd'hui sommes-nous moins enclins au couplet de romance ; aussi préférons-nous franchement dans notre maître, à l'expression si touchante qu'elle soit, de la douleur qui se plaint, celle de la douleur qui beugle, qui mugit, ou qui hurle. Celle-ci nous prend plus violemment aux nerfs.

Pourtant, c'est encore un étonnement que nous réserve ce robuste, quand il s'égaye aux dépens de quelques-uns de ses modèle. Certes, l'*Ours dans son auge*, qui est reproduit dans notre illustration, est d'un franc et juste comique. Ah! mon camarade, que tu es grognon et goulu! Comme tu te vautres dans cette auge où tu t'es lavé, et qu'il sera nécessaire de laver à son tour! C'est à la fois ta baignoire, ta salle à manger et ton lieu de récréation. Roule-toi bien sur ton dos, hoche la tête d'un air soupçonneux et sournois ; joins bien tes pattes pour mieux enfermer la friandise qu'elles tiennent. Mais ne crains pas que nous ayons la pensée de te la disputer. Si nous avions envie de quelque chose en toi, ce serait de ta peau, peut-être, mais surtout du naturel privilégié qui te fait connaître à si peu de frais le vrai bonheur.

Pour faire comprendre encore la gaieté un peu sérieuse de Barye, il

ARABE MONTÉ SUR UN DROMADAIRE.

Dessin de Lancon, d'après le bronze de Barye.

faudrait citer aussi le *Singe monté sur un gnou*, idée bizarre qui ne peut venir que dans l'esprit d'un singe, et l'effarement du quadrupède transformé bon gré mal gré en monture. Nous citerions aussi, dans l'ordre simiesque, une extraordinaire petite *Tête de chimpanzé*, d'une exactitude de détails si inquiétante qu'on croirait avoir affaire à un moulage sur nature, si le caractère de Barye ne faisait pas repousser aussitôt la supposition... et si les dimensions de la pièce (7 centimètres sur 3) ne la rendaient encore moins vraisemblable. Elle est étonnante de comique, cette petite tête, avec son expression de malingre astuce, sa lèvre supérieure relevée par une ironie et un cynisme que l'on ne trouverait nulle part dans la nature, s'il n'y avait pas la physionomie de certains hommes.

Enfin, nous voulons clore notre revue par deux autres compères : un *Ratel dénichant des œufs* qui est bien la plus sensuelle des bêtes gourmandes, avec son museau ramassé et ses gros membres courts. Puis cet *Eléphant trottinant* qui figure dans notre illustration. Un fantaisiste de nos amis le surnommait « Un éléphant qui suit les femmes ».

Telles sont les principales idées que peut provoquer en nous l'examen de ce peuple de serre-papiers. On a vu qu'elles allaient de l'enjouement jusqu'aux plus graves impressions, jusqu'aux sensations les plus dramatiques. Pourra-t-on encore comprendre qu'un pareil créateur ait été pendant longtemps à ce point méconnu ? Pourra-t-on comprendre surtout le dédain où l'ont tenu les coteries académiques ? La persistance avec laquelle on nommait cet homme un *animalier* ?

Un animalier ! Mais quand il a cette faculté évocatrice, quand il sait avec ses humbles et farouches modèles nous donner des joies artistiques et philosophiques aussi intenses, il faut être doué d'une extrême sottise pour prendre le terme comme une injure. C'est pourtant avec ces dédaigneux et puérils clichés que les aristocraties se maintiennent en littérature et en art. Il y a des préjugés inexpliqués : dans la seule griffe d'un lion de Barye, il y a plus de sens de la véritable noblesse que dans tous les Apollons poncifs ; dans l'œil d'un de ses petits jaguars, plus de redoutables colères que dans tous les Jupiters démarqués, dont se glorifiaient alors les artistes primés. Ils sont aujourd'hui plongés dans le plus profond et le plus irrémédiable oubli. Et voici qu'au contraire Barye commence seulement à vivre. Mais c'est pour durer.

De son temps, quelques clairvoyants l'apprécièrent déjà et entrevirent la grandeur de son œuvre. Certains, il est vrai, eurent une façon spéciale de manifester leur enthousiasme. C'est ainsi que nous n'avons pu encore nous faire à ce cri du cœur d'un écrivain du temps : « *La sculpture a enfin trouvé son La Fontaine !* » Sans doute on rencontre dans le divin bonhomme tous les tons, depuis la naïveté la plus fine jusqu'à la majesté (cette note plus rare toutefois). Mais quelle différence de tempéraments et de procédés ! Ce que La Fontaine observait surtout dans les animaux, c'était l'homme. Ce qu'il y a d'humain dans les animaux de Barye, c'est nous seuls qui l'y mettons. Le sculpteur, lui, ne s'est préoccupé que d'y mettre de la vie, leur vie personnelle, idiosyncrasique. Ce sont des hommes qui parlent dans « l'ample comédie en cent actes divers ». Ce sont des bêtes, des brutes, d'admirables brutes, qui dans la ménagerie d'airain, sous nos yeux, respirent, marchent, s'entre-tuent et se gavent. Barye, on ne saurait trop s'en convaincre, a aimé puissamment l'animal en lui-même et pour lui-même, et c'est la véritable voie pour arriver à l'œuvre d'art accomplie. On ne crée qu'en aimant.

S'il fallait faire une comparaison, non plus cette fois empruntée à des littératures, ces rapprochements n'étant que des caprices d'esprit, il serait infiniment plus intéressant de la faire avec les artistes japonais. Peut-être trouverait-on entre le rêveur impeccable et ces ouvriers prestigieux, au métier si sûr, aux ressources de fabrication si riches et si imprévues, quelques points de contact, mais encore plus de différences. Ceux-ci épient la nature, celui-là la domine. Les uns reproduisent, jusqu'à un miraculeux rendu, des enveloppes, des formes et des attitudes ; l'autre prend d'abord corps à corps la nature intérieure, et là-dessus il bâtit sa solide charpente. Les Japonais ont des trucs de couleur et de travail qui surprennent par leur identité avec le produit même qu'ils ont copié. Barye, pour parcourir toute la gamme des couleurs et en donner l'équivalent, se contente d'une seule matière, monotone et presque neutre.

Enfin, s'il fallait nous résumer en quelques mots, nous dirions que, toutes proportions gardées, la différence entre les animaliers japonais et le statuaire Barye réside en ceci : ils nous montrent un peu mieux la peau de leurs modèles ; il nous donne un peu plus de leur âme.

CHAPITRE V

Les figures de Barye. — Classifications administratives. — *Thésée et le Minotaure.* — Les figures de femmes. — *Le Centaure et le Lapithe.* — *Sainte Clotilde.* — Les groupes du Carrousel. — De l'unité de la forme.

Il y a parfois, pour les artistes célèbres, un ennemi plus difficile à vaincre que l'indifférence elle-même : c'est le succès. Avec notre manie de tout spécialiser et d'imposer à chacun sa spécialité, nous condamnons impitoyablement ceux que nous voulons bien applaudir, à ne plus vivre que sur l'œuvre qui nous les a fait connaître. Nous n'admettons pas qu'ils soient capables de tout savoir. Si l'on ne voit plus de ces esprits universels comme la Renaissance nous en présente un groupe si magnifique, c'est moins la faute des artistes que celle du public. Se représente-t-on un peu le scepticisme, au besoin l'hilarité, qui accueilleraient les travaux d'un homme à la fois peintre, sculpteur, architecte, poète et ingénieur ? Il n'y aurait pas assez de caricatures pour le montrer sous forme d'un monstre à plusieurs bras et à plusieurs têtes. Les peintres ne manqueraient pas d'ailleurs de lui reconnaître du mérite comme ingénieur, et les architectes lui conseilleraient de ne faire que de la sculpture.

Cette obligation de se « spécialiser », mot disgracieux autant que pensée mesquine, va si loin que l'on n'admet même pas que, dans un seul art, un homme puisse tenter des genres divers. S'il s'est fait un nom comme peintre de genre, on condamnera d'avance ses portraits. Un peintre militaire qui nous a habitués aux chasseurs à pied risquera une grosse partie en étudiant un jour des soldats de la ligne. Cela causerait dans le public une aussi grosse émotion que le légendaire cuirassier fourvoyé dans les dragons. Un sculpteur de génie qui est parvenu à se faire connaître par ses figures d'animaux n'attirera aucune attention s'il exécute une figure humaine qui est un chef-d'œuvre. Parlez, à l'heure présente, des admirables figures peintes par le paysagiste Corot : des gens d'une certaine culture artistique tomberont des nues. Risquez cette assertion que le caricaturiste Daumier a fait des peintures et des dessins du genre sérieux qu'on se disputera plus tard, et l'on vous soupçonnera

THÉSÉE COMBATTANT LE MINOTAURE

d'après le modèle en bronze appartenant à M. Barbedienne.

d'enthousiasme exagéré. Enfin dites que notre Barye a conçu et modelé des figures capables de rivaliser avec les plus belles œuvres de l'antiquité et de la Renaissance, et on vous renverra bien vite aux tigres et aux crocodiles.

Les habiles profitent de ces dispositions de la foule : leur commerce n'en va que mieux et leur imagination ne ressent aucune fatigue du même morceau mille fois répété. Mais les consciencieux et les puissants souffrent de voir ainsi leur activité limitée ou leurs efforts méconnus. Il n'y a rien, en effet, de plus contraire aux droits et aux devoirs de la pensée que ce déni de liberté qu'on lui inflige. Est-ce que notre curiosité n'est pas sollicitée également par tous les objets de la nature? Est-ce que notre émotion ne s'avive pas en se renouvelant sur des sujets différents? Est-ce qu'enfin il n'existe pas, au lieu de ces arts distincts dans lesquels on prétend parquer l'inspiration et le travail, un art unique : l'art, qui se manifeste comme il lui plaît?

C'est ainsi que tous les grands artistes en ont jugé. Leur main s'est appliquée à retracer la pensée sous quelque forme qu'elle se présentât d'abord. C'est ainsi que le maître que nous étudions ici a tenu à laisser sa puissante empreinte sur d'autres travaux que ceux qui lui valaient la célébrité. Barye nous offre un ensemble de figures qui suffirait, sans exagération, à lui assurer une gloire durable, tout le reste de son œuvre absent.

Nous avons mentionné ses œuvres de début, les bustes de jeune homme et de jeune fille, et le *Saint Sébastien*. Il ne reste malheureusement pas de trace de ces morceaux. Mais, dès le Salon de 1833, nous pouvons déjà juger ce qu'il peut faire quand il étudie l'homme. *Charles VI dans la forêt du Mans* est une composition un peu romantique peut-être de geste et d'accessoires, mais il y a de l'énergie dans l'expression de l'effroi chez le cavalier, ainsi que dans l'attitude du mystérieux personnage, à demi renversé par le cheval. Plusieurs petites figures du même genre, prétextes à belles études de chevaux, seront simplement cités ici : un *Cavalier du XVe siècle*, un *Guerrier tartare arrêtant son cheval*, un *Charles VII victorieux*, enfin divers *Cavaliers arabes*, qui se succédèrent à des époques postérieures.

Une des premières figures qui devaient se placer au rang de ce qu'il a produit de plus beau fut le *Thésée et le Minotaure*, dont on trouve ici une reproduction. Ce *Thésée* fut exécuté par Barye alors qu'il avait déjà

JUNON.

Dessin de Lançon, d'après le bronze de Barye.

renoncé à exposer aux Salons, à la suite des déboires que nous avons signalés. Profondément imprégné du sentiment et du caractère antiques, ce groupe admirable a pourtant toute la vie et toute la chaleur d'une œuvre d'art moderne. Ou plutôt c'est une de ces œuvres qui appartiennent à tous les temps. Qu'importe ici le choix du sujet? C'est la lutte de l'homme contre le monstre, du courage raisonné contre la force animale et brutale. Est-il rien de puissant et de calme en même temps, comme ce héros au corps superbe, droit sur ses jambes que rien ne semble pouvoir déraciner? Et la fureur énorme de la brute qui se sent perdue, se raidissant encore dans un dernier effort qui gonfle tous ses muscles, sous la pointe du glaive qui va lui crever le front!

On ne se fit d'ailleurs aucun scrupule de contester à Barye la science profonde de l'homme, qui pourtant éclatait dans cette œuvre. C'est alors que les fidèles de l'Institut commencèrent à admettre sa supériorité dans la sculpture des animaux; non point par esprit de justice, cela se comprend, mais pour mieux reléguer Barye au premier rang des artistes « de second ordre ».

Pourtant, il aurait suffi d'un peu de bonne foi pour éprouver une vive admiration à la vue de ces œuvres charmantes et fortes qui s'appelaient *Angélique et Roger*, ou encore les *Trois Grâces*. *Angélique et Roger* (une simple garniture de cheminée! pouvaient dire les dédaigneux) était une composition remarquable par le sentiment héroïque, la beauté du mouvement de l'hippogriffe entraînant de toute la rapidité de ses pattes et de ses ailes les deux cavaliers enlacés. Et quelle simplicité élégante et robuste dans la figure de la femme! Quelle entente des lignes souples et rondes de ce

> Corps féminin qui tant est tendre,
> Poli, souëf et gratieux!

comme disait le vieux poète français.

C'est surtout dans *les Trois Grâces*, dans la *Junon* et dans la *Minerve*, que l'on peut trouver ce sentiment des beautés féminines, si étonnant à rencontrer chez ce puissant, ce rude, cet austère. Lançon a dessiné une de ces Junons, orgueilleuse déesse à la grâce puissante, femme dans tout son épanouissement. « Elles ont, a justement dit M. Paul Mantz, en parlant des figures des femmes modelées par Barye, l'élégance des lignes, la puissance du dessin, et avec cela je ne sais quelle fleur d'épiderme,

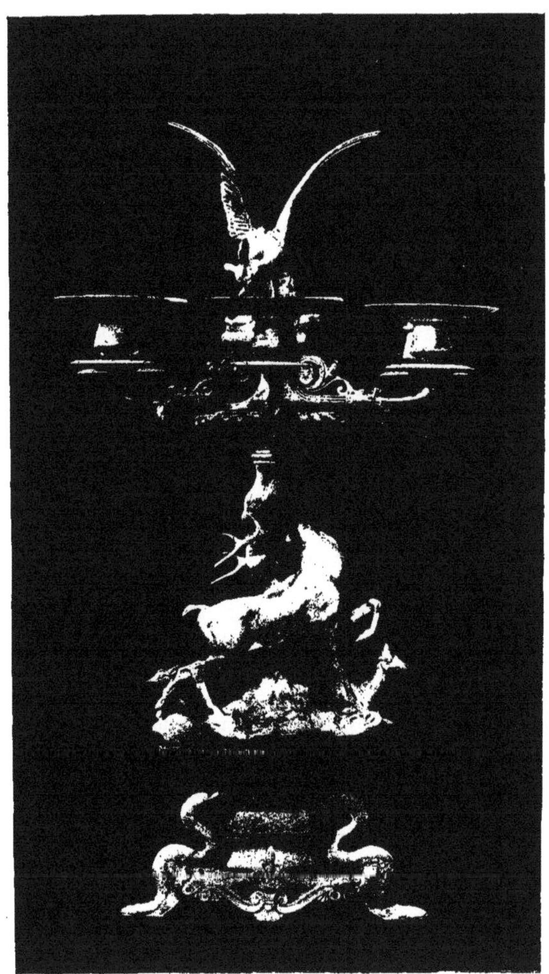

CANDÉLABRE

avec cerf frottant ses bois contre un arbre, surmonté d'un milan emportant un lièvre,
d'après le modèle appartenant à M. Barbedienne.

quelles carnations assouplies, qui donnent à penser qu'en les modelant avec son ébauchoir, Barye s'est souvenu des chasseresses et des sirènes de Rubens. Le travail des chairs est gras, opulent, on oserait presque dire lumineux. Ici se reconnaît l'artiste qui devait un instant traverser l'atelier de Gros, qui s'était laissé charmer par la couleur et qui avait fréquenté le Louvre à l'heure où, jeune comme lui, Delacroix y faisait d'admirables études d'après les tableaux de la galerie de Médicis. »

Les Grâces sont certainement ce que l'artiste a produit de plus accompli en fait de figures de femmes. Ces jeunes corps sont si harmonieusement enlacés, les têtes amoureusement penchées, la ligne ondoyante des dos, les membres nerveux et pleins, tout un abandon si voluptueux, que c'est en vérité un des triomphes de la beauté animale. Il y a, dans les femmes de Barye, un peu de cette séduction tranquille, de cette resplendissante santé, qui sont le propre de certains êtres nés pour vivre dans l'ignorance de toute douleur, de toute passion. Elles respirent, elles vivent, elles charment, conscientes seulement de l'atmosphère d'admiration où elles marchent, déesses. Sans doute, elles ne répondent point à l'étrange, tourmentée et un peu malsaine beauté à laquelle nous ont habitués nos inquiétudes, nos névroses. Elles sont l'harmonie et la noblesse des proportions, la grâce un peu hautaine des lignes impeccables. Que nous soyons entraînés vers des charmes plus riches en nerfs et en fièvres, que les expressions soient aujourd'hui souhaitées plus troublantes, que nous nous épuisions dans la recherche d'éloquentes maladies, tout cela est possible. Il n'en est pas moins bon, salutaire presque, que de temps en temps notre regard se retrempe dans la contemplation de ces sérénités, que notre imagination s'élève vers un idéal moins chlorotique.

Les figures de Barye nous donnent peut-être à un plus haut degré que toute autre création de l'art contemporain, cette impression réconfortante et saine. Elles portent la marque de cette autorité, de cette dignité dans la conception que nous avons observées dans ses autres œuvres. Telle est la logique vigueur de cet esprit, telle la volonté de cette main, que le plus ignorant sentirait au premier coup d'œil que cette *Junon* assise est du même auteur que la *Lionne qui marche*. Et de fait, les femmes sculptées par Barye sont, par l'ampleur du modelé, la tranquille puissance de la démarche, les sœurs de ses grandes lionnes, innocentes et farouches.

LA PAIX.

Groupe en pierre de la cour du Carrousel, pavillon Richelieu.

On voit que les figures seules prêteraient à une étude développée et féconde en enseignements. Il y aurait un intérêt à les prendre successivement, à en analyser le caractère et le travail. On montrerait, par exemple, comment le statuaire, combinant l'homme et l'animal, savait exalter, l'une par l'autre, leurs passions et leurs beautés particulières. La première composition venue donnerait matière à de longues dissertations esthétiques. Tel le *Cavalier surpris par un serpent*, où le sujet, d'une imagination romantique (ce cavalier nu, soudain saisi à la gorge par le reptile qui se dresse, enlaçant en même temps le cheval dans des replis monstrueux), se concilie avec une exécution impeccable comme l'antique.

Ou plutôt dans la manière dont Barye a conçu et traité la figure humaine, il n'y a rien qu'on puisse proprement qualifier d'antique ou de moderne. Il y a la recherche de la forme et pas autre chose, et cela est de tous les temps. Le prétexte importe peu pour faire œuvre plastique par excellence. On peut, si l'on se sent attiré par les réalités du moment, qui ne sont, après tout, qu'une convention comme une autre, donner, à force d'art, du caractère à nos enveloppes étriquées. On peut encore, comme Barye, faire craquer tous les cadres, et aimer d'un tel amour la nature vivante, la nature nue, qu'on se contente d'avoir recours à de vieilles fables, toujours neuves si on n'y cherche pas autre chose qu'une occasion de chanter l'éternelle beauté de la matière animée.

L'invraisemblable, alors, se plie lui-même à l'expression de la vérité. Remarquez par exemple ce *Centaure et Lapithe*, qui, exposé en 1850, fut après un long silence, l'occasion d'une rentrée triomphale. C'est, délibérément accepté, le plus chimérique des sujets, sans compter que se présentent aussitôt à l'esprit d'écrasantes comparaisons. Pourtant, à force de sincérité, de courage et de force, Barye en tire une œuvre admirable, sa plus étonnante peut-être.

Cela est venu tout d'un mouvement, on le sent, un mouvement prompt et sûr comme le saut prodigieux qui a précipité le héros sur la croupe du centaure. Plus tard, dans un travail acharné, l'artiste modifiera sans cesse quelque détail, pour que tout soit asservi à l'impression d'ensemble. Mais la magnifique silhouette subsistera, telle qu'elle a été entrevue du premier jet. Cela *s'arrange* avec une impitoyable logique : le Lapithe est servi par la résistance même de son colossal et impuissant adversaire. Ce n'est pas seulement parce qu'il est saisi à la gorge que le

LA FORCE PROTÉGEANT LE TRAVAIL.
Groupe en pierre de la cour du Carrousel, pavillon Denon.

demi-homme se renverse en arrière, c'est parce qu'en vertu des maladresses fatales des prédestinés à la défaite, il doit se présenter lui-même à la massue qui lui va fracasser le crâne. Cette contorsion désespérée ne sert qu'à mieux maintenir le vainqueur. Il faut renoncer à employer les mots pour faire sentir l'impétuosité contenue de ces admirables lignes, l'entrain du mouvement, la puissance inouïe avec laquelle sont opposés les deux antagonismes déjà rencontrés sous une autre forme : la force intelligente et la force bestiale. Barye, habitué à vaincre les difficultés formidables de la nature, véritable dompteur de monstres lui-même, semble avoir pris plaisir à développer ce thème de diverses façons. Certainement, on sent que la figure du Lapithe, enivré de sa victoire, a été modelée avec une âpre joie.

Ce fut une œuvre de longues méditations. Barye l'avait gardée plusieurs années à l'atelier, ne pouvant s'en séparer. Parfois il y faisait une légère retouche, puis, pour des mois entiers, la glaise se recouvrait de ses humides enveloppes. Enfin, quand il eut atteint la forme définitive sous laquelle nous la montre le dessin de Lançon, le sculpteur y introduisit encore des modifications. Le groupe fut appelé alors *Thésée combattant le centaure Bienor*. Le cavalier eut le genou plus levé, au lieu d'être, comme ici, collé aux flancs du centaure ; la draperie fut supprimée ; le mouvement du cheval fut un peu altéré ; le pied droit de derrière posé sur la pince, au lieu d'être à plat ; enfin, un support, formé d'une touffe de cactus, remplaça la draperie traînante. Mais encore une fois, rien de cela n'altérait la forme primitive, la silhouette générale si caractérisée.

Comment ne pas se laisser aller au regret que l'État n'ait pas confié des travaux dignes de lui, à un homme capable de pétrir un pareil monument ? Eh bien, c'est à grand'peine que Barye put obtenir de temps en temps la commande de quelque figure. Ainsi, un jour, on lui demanda une statue de marbre pour une des chapelles de la Madeleine. L'artiste eût désiré qu'on lui confiât la statue d'une sainte dont sa femme portait le nom. Il ne put même pas obtenir cette faveur, et il dut se résigner à exécuter une *Sainte Clotilde*, sans que rien expliquât le choix qu'on avait de lui pour ce doux et mélancolique sujet. Une figure drapée, non sans une certaine grâce touchante et noble, tel fut le résultat de la commande. Mais enfin, était-ce bien ce qu'il fallait demander à Barye?

On fut mieux inspiré en lui demandant une statue équestre de

NAPOLÉON Ier.

Projet pour un monument à Grenoble, d'après le modèle appartenant à M. Diot.

Napoléon Ier pour le monument d'Ajaccio. Au moins, il pouvait faire quelque chose de viril et de grand. Mais, comme si une fatalité s'acharnait à ce que toujours il fût froissé de quelque façon, il fut payé de ce travail moitié en espèces... moitié en vieux canons, matière première toute trouvée pour son bestiaire de bronze !

Un autre *Bonaparte* lui fut commandé encore pour Grenoble. Cette fois, des intrigues se mirent de la partie, et Barye, impatienté, renonçant à des démarches qui répugnaient à son caractère, n'en fit jamais que la maquette. Nous avons obtenu de son propriétaire, M. Diot, l'autorisation de reproduire cette belle pièce, jusqu'ici inédite.

Enfin, après toutes ces années de travaux insuffisants, d'espérances vaines, un jour arriva où l'on se décida à confier à l'artiste une tâche importante, vraiment digne de lui : quatre groupes en pierre, plus grands que nature, destinés à la décoration du nouveau Louvre. C'est l'architecte Lefuel, chargé du travail après la mort de Visconti, qui eut le bon esprit d'écouter les recommandations de Français et de Matout en faveur de Barye. Les quatre groupes représentaient : *la Guerre*, *la Paix*, *la Force protégeant le travail* et *l'Ordre protégeant les nations industrielles et savantes*. Ces quatre groupes sont autant de chefs-d'œuvre. Mais ces chefs-d'œuvre sont placés de telle façon qu'il est impossible d'apprécier le moindre de leurs mérites. A une hauteur démesurée, sur des piliers de chaque côté des pavillons Denon et Richelieu, l'œil n'en peut saisir qu'une confuse et inexacte silhouette. Et pourtant, la simple reproduction réduite que nous donnons ici de deux de ces compositions suffit à en faire sentir l'extraordinaire majesté, la triomphante vigueur.

Le statuaire s'est contenté, pour symboliser les idées qu'il avait à rendre, de combiner une figure d'homme, une figure d'enfant et une figure d'animal. Ici l'animal attire à peine l'attention ; il précise le sens et complète la décoration. Les figures d'hommes sont modelées avec une rare puissance ; les figures d'enfants rappellent tout ce que l'art de tous les temps a produit de plus beau.

On se demande, non sans une certaine tristesse, à quoi bon de longs commentaires sur des œuvres de cette valeur, destinées à être à jamais ignorées de la foule, qui s'en iront peut-être en miettes sans gloire, sous l'action corrosive du temps. Hélas ! nous avons cette insouciance de nos richesses.

Pour nous donner une suprême leçon, il faut que les étrangers en fassent eux-mêmes plus de cas que nous, les indifférents et les ignorants. A Baltimore, des admirateurs de Barye ont élevé sur une des plus belles places publiques un monument où les quatre groupes entrent pour la part la plus importante.

Et au fond de tout cela, on retrouve le fatal et absurde préjugé que nous signalions au début de ce chapitre : la spécialisation imposée. Barye étant un animalier, notre bon sens se refuserait à arracher à cette place, où elles se confondent avec une architecture tourmentée, quatre œuvres uniques, pour les exposer à l'admiration de tous [1].

Si quelque lecteur conservait encore des doutes sur la valeur des merveilleuses figures de Barye, ou tout au moins s'il ne s'expliquait pas par quel phénomène un artiste pouvait se montrer maître en des genres jugés si différents, nous l'engagerions à méditer sur ces lignes profondes de Théophile Gautier [2] : « L'on s'étonna que celui qui faisait si bien les bêtes réussît autant lorsqu'il modelait les hommes et les héros, *comme si la forme n'était pas une, dans sa diversité apparente*, et pouvait avoir des secrets pour un contemplateur doué d'un œil aussi perçant que Barye. »

Sans doute, là est tout le secret. Nous commencerons à bien comprendre nos artistes quand nous nous serons pénétrés de cette vérité, que la forme est une ; nous commencerons à bien les honorer quand nous serons convaincus qu'il n'y a qu'un art.

1. Il faut mentionner, pour que l'énumération des grands travaux de figures soit complète, le *Napoléon III à cheval*, qui avait été exécuté pour le guichet du Louvre et qui est maintenant remplacé par le *Génie* de Mercié. Faute d'une entente suffisante avec l'architecte, cette œuvre manquait du relief nécessaire, de celui qu'aurait souhaité Barye. La politique aidant, le bas-relief a été relégué dans quelque magasin, si même il existe encore. Toujours la chance de Barye.

2. Article cité.

CHAPITRE VI

Barye au travail. — Les armatures articulées. — Étude des proportions. — Soins apportés aux épreuves. — Les divers procédés essayés. — Les patines. — L'art décoratif. — L'enseignement au Jardin des Plantes. — Les dessins. — Les aquarelles. — Les peintures. — Mot de Delacroix sur Barye.

On ne connait pas complètement un artiste quand on ne l'a pas vu *chez lui*. Nous n'entendons pas parler des indiscrétions peu significatives auxquelles s'est trop complue notre curiosité depuis quelques années. Ce n'est pas du mobilier, des habitudes de vie, des affaires de famille, qu'il s'agit ici, mais du tempérament, des façons de penser, de sentir et de travailler. Cela est précieux, autant que le reste est oiseux et rebutant. Voir un artiste au travail, c'est palpiter avec lui dans la recherche de la forme, dans la lutte avec l'impérieuse inspiration. Voir un artiste au travail, devant sa table, son chevalet, ou sa selle, c'est souffrir avec lui, espérer avec lui, triompher avec lui. Et la critique a non seulement le droit, mais encore le devoir de s'immiscer dans ces choses. Il faut qu'elle tâche d'inventorier les cartons, de compulser les notes, de pénétrer les méthodes. Puis, de cet ensemble de documents, elle dégage les traits caractéristiques, définitifs, qui achèvent la ressemblance.

Les artistes les plus fermés nous livrent ce secret, fût-ce à leur corps défendant. Il arrive un moment où les curieux peuvent faire de précieuses découvertes; et c'est précisément dans les choses que le travailleur tenait cachées, soit par modestie, soit par dédain, que l'on peut trouver de quoi imposer le maître.

C'est seulement à la mort de Barye que l'on commença vraiment à le comprendre, et à s'étonner de sa grandeur. Le jour pénétra dans son atelier obstinément tenu fermé par lui-même. Des modèles furent contemplés par les visiteurs avides, des cartons furent ouverts, et dans tout ce magasin s'empilaient des pensées, se thésaurisaient des recherches. On comprit alors seulement de combien d'efforts est fait un chef-d'œuvre.

Barye est en présence du bloc de terre, dont il tient déjà dans sa tête

ÉLÉPHANT DU SÉNÉGAL

d'après le modèle de M. Barbedienne.

la forme, le caractère et le mouvement. Avec sa sérénité réfléchie, il sait depuis longtemps ce qu'il veut faire. Mais toujours la science est là, pour contrôler et pour diriger l'inspiration. Voici comment il procède : Il établit d'abord le squelette de l'animal auquel il va communiquer la vie. C'est une armature rudimentaire, correspondant à peu près aux pièces principales de l'ostéologie, et le plus exactement possible à leurs dimensions par rapport les unes aux autres. Mais les diverses parties de cette armature sont mobiles, articulées, de façon à obéir, pendant tout le temps du travail, au mouvement qu'il plaira à l'artiste de leur imprimer.

Il ne faut pas croire que ce squelette lui-même, cette sorte de point d'appui raisonné et docile, soit obtenu sans études préparatoires. Nous avons vu comment Barye avait examiné de près ses modèles, comment il les avait observés, morts ou vifs, comment il avait assisté aux séances de dissection, les mesures qu'il prenait sans relâche. De ces recherches acharnées il restait toujours une chose acquise, note, chiffre, ou croquis. Tout cela s'entassait dans des cartons que Barye avait là, sous la main, *pour lui*. Nous reparlerons tout à l'heure de ces dessins, depuis le *schéma* le plus géométrique jusqu'à l'aquarelle la plus libre et la plus haute en couleur. Pour le moment, c'est le sculpteur que nous suivons à la tâche.

Une fois le modèle arrivé à la forme voulue, tous les détails précisés, toutes les intentions accusées, il ne faut pas croire que l'artiste abandonne son travail aux manœuvres. Il a passé par tous les échelons qui conduisent du métier à l'art. Il a longtemps peiné sur les travaux matériels, mais il a tiré de ces besognes ingrates une profonde connaissance de toutes les difficultés techniques, de tout ce qui est dédaigné par les présomptueux, mais qui révèle justement la suprématie de l'homme sur la matière. Barye, au besoin, pourrait être son praticien, son mouleur, son fondeur, son ciseleur. Aucun détail ne lui échappe ; aucun n'est jugé par lui indifférent. Il ne croit pas indigne de lui de suivre son œuvre jusqu'au moment même où elle arrive devant le public. Il en surveillera le moulage avec l'autorité de l'ancien chef des ateliers du Louvre. Puis, une fois la pièce entre les mains des fondeurs, sa connaissance de tous les procédés, depuis ceux des anciens, étudiés par lui dans les bibliothèques, jusqu'aux découvertes modernes, et ses idées personnelles, le serviront encore dans la direction du travail.

Il n'est pas une méthode qu'il ne tente ; il va, dans sa situation sans cesse précaire, jusqu'aux sacrifices d'argent. L'idéal serait cet admirable procédé de la fonte à cire perdue ; mais comment arriver à vendre un modèle assez cher pour couvrir les frais que nécessitent ces opérations, et en tirer un bénéfice suffisant pour vivre ? Barye essaie bien aussi à un moment la galvanoplastie, mais la pauvreté et la sécheresse des résultats obtenus le rebutent. C'est donc à la fonte au sable, plus courante, plus pratique, qu'il aura recours le plus souvent. Mais alors de quel soin il entoure le tirage des épreuves ! Sans pitié, il fait rejeter au creuset les épreuves qui ne le satisfont pas. Il existe encore, en très petit nombre, des ouvriers qui ont travaillé sous la direction de Barye. Tous sont d'accord pour dire combien difficilement il se montrait content ; avec quelle compétence il découvrait les défauts, avec quelle autorité il indiquait les retouches nécessaires.

Cette conscience allait si loin qu'il croyait utile, après qu'un modèle avait été souvent répété par le même ouvrier, d'y introduire certaines modifications de détail. De la sorte, l'ouvrier était tenu en haleine, et ce léger changement empêchait sa main de s'alourdir, son attention de se fatiguer. En même temps, l'artiste satisfaisait son propre besoin de perfection. Charles Blanc, en peu de lignes, a bien fait comprendre cette virtuosité particulière du bronze, dont Barye jouait, comme un habile musicien joue d'un instrument qu'il possède à fond : « Il excellait dans l'art de composer les fontes, de les jeter au moule, de les réparer. Il s'entendait mieux que personne à faire disparaître, par la ciselure, les accidents du moulage, les traces de la coulée, à purger le métal des croûtes que peut y laisser le contact de la fonte avec le sable. Il savait aussi à merveille modeler en vue du bronze ; cela veut dire mettre à profit la densité et la légèreté du métal. Cela veut dire aussi prévoir la couleur que donneront les évidements et profiter de l'extrême finesse de grain que présente le bronze, pour serrer l'exécution, affirmer les plans, acérer les arêtes, creuser plus vivement les sillons, pousser jusqu'au bout la rigueur des formes, le rendu, le fini. »

Ce n'était pas tout encore. Une fois l'épreuve obtenue irréprochable, comme il la voulait, Barye apportait un soin particulier à la *patine*, sans relâche en quête de tout ce qui peut donner au bronze un épiderme brillant, chaud et délicat. M. Edmond de Goncourt, dans la préface du catalogue Sichel, les énumère, « ces patines si diverses et si variées, se levant avec le temps et le frottement de dessous la patine vert-de-grisée un peu compacte, un peu uniforme, adoptée par le fondeur : patine vert glauque de mer, patine à la nuance de bronze florentin, patine noirâtre jouant la patine des vieilles médailles, et surtout une patine brune dont le fauve est transpercé comme d'un rouge de rouille. »

Sans doute l'œuvre du temps est pour beaucoup dans la qualité de ces patines auxquelles les collectionneurs ajoutent un si grand prix. Barye lui-même aurait été incapable de livrer deux pièces d'un ton absolument identique, ou devant garder jusqu'au bout cette identité. Certaines épreuves, amoureusement soignées par leurs possesseurs, se sont polies, apaisées, ont pris un *fondu* onctueux qui leur donne un aspect unique. Pourtant, il est bon, en passant, de mettre le lecteur en garde contre les truquages effrénés auxquels a donné lieu le commerce des « anciennes épreuves » de Barye. Il est devenu extrêmement difficile, pour ne pas dire impossible, d'assigner à certaines pièces une date précise. Celles qui sont véritablement précieuses, ce sont les épreuves *poinçonnées* par Barye lui-même. Auprès de la signature, on trouve un poinçon numéroté, « preuve à la façon des épreuves avant la lettre, des épreuves de premier état d'une collection d'estampes ».

D'ailleurs, il entre dans le plan de cette étude de ne faire que signaler ces détails techniques forcément arides pour le lecteur. Ce que nous avons voulu montrer en les effleurant, c'est la preuve de l'extrême conscience de Barye, cette sorte d'honnêteté commerciale d'un artiste qui s'adressait directement au public. Et l'on peut dire sans exagérer que, pour les soins qu'il apportait à la moindre de ses épreuves, il était insuffisamment rémunéré de sa peine. Il suffit de jeter les yeux sur les petits catalogues imprimés, « les prix-courants » qu'il arrêtait de temps en temps, et que l'on trouve encore dans toutes les mains des collectionneurs de documents. On en voit un fac-similé dans la notice de Th. Silvestre. Telle pièce qui valait alors quarante ou cinquante francs a décuplé de valeur en ce moment. C'est toujours la même aventure avec les vrais artistes : ce n'est pas pour eux qu'ils travaillent; les médiocres habiles ont seuls l'avantage de bien vivre; les autres survivent.

Une conscience sévère quant à l'exécution, une curiosité inassouvie quant à l'étude, ce sont les deux qualités dominantes chez Barye considéré comme travailleur. Nous l'avons assez examiné en tant que créateur; il ne nous restera donc plus qu'à voir comment sa curiosité se manifestait et à quels objets elle s'appliquait de préférence.

CANDÉLABRE AUX PAVOTS.

Dessin de Lançon, d'après le modèle de Barye.

Non seulement il recherchait la beauté dans les mouvantes architectures de l'homme ou de l'animal, mais il la poursuivait aussi dans les lignes plus rigides et plus conventionnelles de l'ornementation. Barye a été un des maîtres de ce siècle les plus dévoués aux progrès de l'art décoratif. C'était reprendre, par goût et par instinct, la tradition des beaux chercheurs de la Renaissance, avec lesquels nous avons eu plus d'une occasion de le comparer.

Il y eut d'ailleurs, à l'époque où Barye débuta, une sorte de renouveau dans les arts de l'ameublement, l'orfèvrerie entre autres. Des artistes de premier ordre, comme Rude, Geoffroy Dechaume, Simart, etc., ne dédaignaient pas de donner des modèles aux Fauconnier, aux Wagner. « C'est sur l'avis de Chenavard, nous dit M. Falize, que Fauconnier tenta les premiers essais de style Renaissance, et ce fut pour lui que Barye composa ses premières maquettes, les fondit et les cisela. » Mais, ajoute le savant spécialiste, l'orfèvrerie n'était pour ces artistes qu'un gagne-pain, un moyen de payer le marbre ou la toile, et, « la maquette achevée, ils retournaient rêveurs à un art qu'ils jugeaient plus digne et plus grand. » Sans doute, cela est exact pour la plupart de ces maîtres, et cela se conçoit aisément : ils avaient mieux à faire que de se vouer exclusivement à l'ornementation. Toutefois, c'est un goût bien prononcé, au moins autant que le besoin d'augmenter ses ressources, qui poussait Barye à faire des modèles de flambeaux, d'encriers, de garde-feux. Il n'en faut pour preuve que sa signature. Chacun de ces objets est signé de lui, non point seulement pour revendiquer une propriété commerciale (il y a pour cela des formalités qui permettent l'anonymat), mais bien pour affirmer un effort d'art. Pourquoi un sculpteur rougirait-il de consacrer de temps en temps un loisir à ces travaux ? Les grands artistes du XVIe siècle l'ont fait; d'autres le tenteront encore après Barye. C'est avoir un faux respect du beau, une fausse notion de la vie, que de séparer ainsi le beau de l'utile. Depuis longtemps d'ailleurs ce n'est plus qu'un lieu commun que rougirait de développer un pédant de collège.

Quelques écrivains paraissent n'avoir point compris cela en étudiant Barye. Ils trouvent des mots de compassion indignée pour plaindre le maître réduit à ces besognes secondaires. C'est faire une dépense inutile de sentiment.

Une autre preuve de cette préoccupation du progrès des arts industriels : En 1863 Barye accepta, avec un intérêt marqué, la présidence de la commission consultative de l'Union centrale des arts appliqués à l'industrie. Jusqu'au bout, il ne cessa en cette qualité de prendre part aux travaux, de donner d'utiles indications, en un mot de rendre des services importants.

Les principaux modèles de Barye consistent en candélabres, en flambeaux, en bougeoirs, où les fruits, les feuilles et les animaux jouent le principal rôle. Pourtant quelques coupes et encriers sont décorés d'ornements conventionnels. Ces pièces ont, pour la plupart, le caractère solide de toutes les œuvres de Barye. On en peut juger par notre reproduction du candélabre aux pavots, où la plante fournit si naturellement le pied, les supports et jusqu'aux lumières. Il conviendrait de citer aussi les beaux candélabres avec les figures de cerfs; ou des flambeaux charmants, avec des faisans perchés sur les branches. Cependant, il sera nécessaire d'ajouter que certains de ces robustes modèles confinent parfois à la lourdeur, et nous ne pouvons faire un crime à ceux qui préfèrent l'adorable caprice du XVIIIe siècle ou l'élégance si nerveuse de la Renaissance.

Parmi les travaux les plus importants de Barye dans l'ordre décoratif, on doit mentionner la grande pendule qui orne un des salons de l'hôtel Péreire. Elle représente *Apollon conduisant le char du soleil;* des deux côtés, *les Heures tiennent la bride des chevaux*. C'est une composition d'une grande allure, malheureusement fort peu connue, Barye n'ayant pas pu l'exposer naguère, comme il en aurait eu le désir.

Ces quelques notes sur les travaux d'art décoratif auraient sans doute prêté à de plus amples développements, mais encore une fois nous avons tenu à éviter les détails trop techniques. Ce qu'il nous fallait, c'était avant tout montrer en Barye un de ces esprits universels, un de ces théoriciens agissants, tels que les belles époques de l'art en ont seules présenté. Cette curiosité profonde et générale se retrouve dans tous ses travaux. C'est à ce point que, s'il accepta d'enseigner au Jardin des Plantes le dessin des animaux, ce fut pour mieux continuer de l'apprendre. Nous avons tenté de rechercher quelques souvenirs de cet enseignement, et nous devons avouer qu'il n'en reste guère de traces, et pour cause. Barye, comme professeur, était presque aussi taciturne que comme homme. La plupart du temps, quand il venait faire son cours (et il lui arrivait plus d'une fois de s'égarer en route devant quelque cage), il se contentait de surveiller les travaux des élèves, et de les approuver. Il ne faudrait donc pas croire que la négligence des contemporains et l'absence de sténographes nous aient privé d'éloquentes et précieuses leçons. C'est une illusion qu'il est bon de détruire.

D'ailleurs, le véritable enseignement de Barye n'était-il pas dans son œuvre? C'était là qu'il fallait l'observer, et tenter de se rapprocher de lui. Nous pouvons aussi, maintenant, savoir plus exactement ses méthodes de travail. L'École des Beaux-Arts possède quelques-uns des dessins cotés qui lui servaient de perpétuels repères. M. Eugène Véron, dans un très bel article paru dans *l'Art*, au lendemain de l'exposition de Barye en 1875, a donné sur ces dessins des détails si précis et si complets qu'on ne saurait mieux faire que de les reproduire : « Barye a passé sa vie à prendre des mesures et des notes sur les proportions des corps et des membres de tous les animaux. Il laisse entre autres une liste de la plupart des variétés de chiens connues, avec les indications en chiffres se rapportant aux distances, longueurs et épaisseurs de toutes les parties que le sculpteur a besoin de connaître. Mais ce qui est plus intéressant au point de vue de l'art, c'est que la plupart du temps, ces notes manuscrites sont remplacées par des dessins, sur lesquels sont portés des chiffres qui mesurent les rapports des parties. Or, ces dessins sont de véritables merveilles. Les uns, achevés et finis jusqu'à la minutie, sont d'une finesse et d'un détail qui rappellent Meissonier; les autres, au contraire, enlevés à grands traits avec des lumières opposées, sont d'une vigueur à désespérer les plus énergiques et les plus hardis aquafortistes. Le carton qui les contenait portait une étiquette écrite de la main de Barye : *Service*. C'étaient ses documents et sans doute il ne leur attribuait pas d'autre valeur. »

Les amateurs se disputent actuellement jusqu'aux moindres de ses croquis. Ses aquarelles et ses peintures sont également très recherchées, et notre étude ne serait pas complète si nous n'en disions pas aussi quelques mots. Avec sa belle forme de poète, Théophile Gautier les a fort justement appréciées. « Ce ne sont pas, dit-il, de vulgaires aquarelles que les dessins lavés par Barye. Le pinceau du maître y acquiert la fermeté de l'ébauchoir. On dirait qu'il est fait avec des moustaches de lion, tant il raye rudement le papier grenu qu'il emploie de préférence. » D'ailleurs l'écrivain, prouvant l'indépendance de son admiration, va au devant des critiques que nous serions obligés de faire : « Dans ces études si fermes, si naïves malgré leur science profonde, où l'ostéologie, les muscles, la peau, le pelage, s'indiquent en quelques coups de crayon ou de pinceau, l'artiste

ÉLÉPHANT MARCHANT.

Fac-similé d'une aquarelle appartenant à M. Lucas.

néglige quelquefois la couleur avec une insouciance de statuaire; certaines nuances rappellent trop la terre glaise dont il se sert habituellement, les fonds de paysage manquent d'air; mais toutes ses aquarelles, même les moins heureuses, portent la griffe du lion[1]. »

Ces critiques ne sauraient être passées sous silence, car c'est mal servir la mémoire d'un grand artiste que de tout admirer de parti pris. Mais, malgré les incontestables défauts de lourdeur qu'on peut trouver dans les aquarelles et les peintures de Barye, elles sont puissamment significatives. Parmi les plus intéressantes, nous aimerions à citer et à décrire celles que possède M. Lucas, un des collectionneurs les plus intelligents du maître, et qui a contribué plus que personne à le faire connaître et rechercher en Amérique. Nous dirions, par exemple, tout ce qu'il y a de solidité dans le dessin de cet éléphant dont nous avons donné ici une reproduction, tout ce qu'il y a de symphonique dans le coloris, modulant presque exclusivement dans les gris bleutés et ardoisés. Il faudrait encore parler de ces tigres, apparaissant brusquement au détour d'un coin de forêt, ou errant affamés parmi des rochers, ou bien encore se roulant sur le dos avec des airs d'inquiétante belle humeur. Les lions aussi, assis paresseusement, les pattes de devant croisées, ou allongées énormes; et ces yeux clairs qui vous regardent en face et vous pèsent. Mais où les aquarelles atteignent un caractère inouï de puissance fantastique, c'est dans certaines images de boas ou de pythons, guettant la proie, enroulés autour de maîtresses branches d'arbres, dans une effroyable complication de replis et de nœuds. Une de ces aquarelles appartenait à Gustave Doré, et c'était un des rares morceaux d'autres artistes qu'il aimât à posséder et à regarder. On ne saurait rien imaginer de plus sinistre que le sombre coloris de la bête monstrueuse, large marqueterie de bleus et de bruns, à donner le frisson.

Les peintures de Barye sont nombreuses également, et là encore le métier est chose secondaire. Barye ne peint pas pour peindre, il peint pour penser. Pourtant il se plaisait, de temps en temps, à faire de longues et solitaires excursions dans la forêt de Fontainebleau, et à brosser là de vigoureuses études. Mais, son rêve l'entraînant, il arrivait plus d'une fois que son pinceau laissait éclore soudain, au milieu du paisible carrefour ou de la clairière tant de fois esquissée par les paysagistes, une figure de

1. *Gazette des Beaux-Arts*, année 1860.

lion ou de tigre. Alors, ces singulières études d'après nature se modifiaient peu à peu, s'assombrissaient avec fureur, prenaient des rudesses, et, au bout de la séance, Barye n'avait vu, à travers Barbizon, que la Numidie.

Toutes ces peintures présentent, pour qui veut bien connaître l'artiste, un grand intérêt, car elles constituent, en quelque sorte, la doublure de sa sculpture. Mais elles ont autre chose qu'une simple valeur documentaire. L'élève de Gros avait fait d'assez bonnes études de peinture, il avait assez assidûment interrogé les maîtres du Louvre, pour que ces travaux eussent leur prix par eux-mêmes. Nous n'en voulons pour preuve qu'une magnifique ébauche, appartenant à M. Barbedienne, de dimensions un peu plus grandes que les autres études peintes de Barye, généralement petites. C'est un combat acharné de tigres, et rien n'est plus mouvementé et plus dramatique. Sur un fond sommaire, mais d'une belle valeur, d'un remarquable entrain de brosse, les animaux combattant et se mordant se détachent en brun clair presque jaune ; et toute la fougue du dessin et la vigueur du coloris associent aussitôt ces deux noms dans l'esprit : Barye, Delacroix.

Et puisque nous venons de nommer une fois de plus l'illustre peintre, nous ne saurions mieux finir ce chapitre que par ce trait caractéristique. Delacroix, rendant visite à Lefuel, s'arrêtait toujours devant deux aquarelles de Barye, les deux plus belles de son œuvre, que le sculpteur avait offertes à l'architecte, et qui sont encore en la possession de son fils. Delacroix se donna plus d'une fois le plaisir, et en même temps la peine, de copier au crayon le trait des tigres qui étaient là représentés. La peine, disons-nous, car un jour, le grand dessinateur du mouvement s'écria avec une poignante sincérité : « Je ne pourrai jamais arriver à tordre une queue de tigre comme cet homme-là ! »

CHAPITRE VII

Les dernières années de Barye. — Son entrée à l'Institut. — Barye en Amérique. — Synthèse de l'œuvre.

Nous voici arrivés au terme de cette étude, et nous nous apercevons que nous n'avons même pas eu besoin, pour connaître à fond Barye, de donner de détails sur les vingt dernières années de sa vie. Tant cette existence est unie et fermée, et tant l'intérêt réside tout entier dans les résultats de son incessant labeur.

Vers le tard, les honneurs arrivèrent. En 1855, Barye obtint, à l'Exposition universelle, la grande médaille d'honneur dans la section des bronzes d'art, et fut fait officier de la Légion d'honneur. C'était une stricte justice; il y a lieu de constater, mais non d'applaudir. Là ne sont pas les véritables récompenses d'un artiste de cette importance.

Ce n'est pas davantage un premier échec à l'Institut en 1867, qui pouvait l'amoindrir; pas plus que sa réception en 1868 n'ajouta à sa gloire. Au fond, il n'est pas bien sûr que quelques-uns de ceux dont il devenait, non pas l'égal, mais le collègue, n'aient point conservé une arrière-pensée à l'égard de cet « animalier ». C'était pour eux un artiste remarquable dans un genre peu relevé. Il fallait même un certain courage à Barye, connaissant les hommes comme il était payé pour les connaître, pour entrer ainsi dans une cage aux lions d'une catégorie plus dangereuse que celle du Jardin des Plantes : les lions qui ne rugissent pas.

On s'étonna quelque peu, dans le groupe d'esprits indépendants qui avait vécu avec Barye, de cette concession au préjugé académique : comment un révolté de 1830, un novateur comme lui, se constituait-il prisonnier volontaire de ceux qui avaient le plus cherché à lui nuire et le moins voulu le comprendre ?

Un des amis du sculpteur, dans une bonne intention, a tâché d'entourer le fait de quelques circonstances atténuantes. M. Henri Duménil raconte que c'est à l'obligeante intervention de Lefuel que Barye entra à l'Institut... sans presque s'en apercevoir. Du moins l'architecte l'avait entraîné sous un prétexte quelconque chez un des immortels, puis, la

LION MARCHANT.

Aquarelle. — Collection de Narcisse Diaz de la Pena.

première visite faite, lui aurait dit qu'il n'y avait plus à reculer une fois le premier pas franchi, enfin l'aurait, séance tenante, entraîné dans la même journée à franchir les autres. Rien ne s'oppose à ce que les choses se soient passées de cette façon quant à l'exactitude matérielle des faits. Mais si l'on a tant soit peu compris le caractère de Barye, on doutera qu'il fût homme à se laisser surprendre s'il ne s'y prêtait pas un peu. Il est beaucoup plus simple de faire la part des faiblesses humaines, même chez les hommes supérieurs. Les satisfactions d'amour-propre sont une si faible compensation aux luttes, aux fatigues et aux déceptions d'une telle carrière, qu'on jouerait un rôle mesquin en s'attardant à chicaner là-dessus. Puis il est devenu à présent aussi prétentieux de rompre des lances contre les académies, que puéril de les défendre.

Nous n'aurons pas besoin de nous arrêter plus longtemps à dire que l'entrée de Barye à l'Institut n'est pas un événement considérable, et que, d'autre part, elle n'altère pas le caractère de profonde indépendance de sa vie et de son génie. D'ailleurs, les plus valables honneurs pour un artiste ne sont pas dans ces consécrations officielles. Ils sont surtout dans l'enthousiasme sincère qu'il inspire à ses compatriotes, dans l'admiration raisonnée et active des amateurs. Et il est regrettable de dire que, si l'on s'en tient aux résultats, ce n'est pas chez nous que l'on paraît avoir rendu le plus justice à Barye. Sans doute, son nom est maintenant en pleine lumière. Le public a été tant de fois averti de la valeur de ces petits presse-papiers, qu'il a fini par y prendre garde, et même par y croire. L'exposition qu'on organise, et qui sera ouverte au moment où notre étude paraîtra, sera une nouvelle occasion d'éloges dithyrambiques. Nous en serons quittes, peut-être, pour recommencer demain avec un autre maître, bien que nous aimions assez à répéter qu'il n'y a plus, pour notre clairvoyance, de génies relégués dans l'ombre.

Barye, d'ailleurs, avait conscience de la gloire qui lui était réservée. Dans les derniers temps, alors que, cloué à l'appartement par une maladie de cœur, il occupait les loisirs de la suprême attente, soit à faire encore quelques aquarelles, soit à s'enfoncer dans de profondes méditations, il eut un mot consolant et fier. Mme Barye lui disait qu'il ferait bien, une fois revenu à la santé, de veiller à ce que ses épreuves fussent signées de façon toujours nette et lisible. « Sois tranquille, répondit le vieux sculpteur, en relevant la tête. Dans vingt ans d'ici, on cherchera la signature à la loupe. »

Barye mourut le 25 juin 1875, paisiblement, après une agonie sans secousse. Sa mort était sereine et stoïque comme sa vie. Pourtant, afin d'éviter un chagrin dernier à cet homme qui les avait tous éprouvés, les plus durs et les plus amers, on lui avait caché, quelques jours auparavant, la mort de Corot, qu'il aimait...

Aujourd'hui, on cherche bien la signature Barye, et l'on se dispute les épreuves originales. Mais une quantité considérable des plus belles pièces n'est plus en France et n'y reviendra pas. L'Amérique les a jalousement accaparées, et, comme nous l'avons dit, c'est à Baltimore qu'il faut chercher un monument digne de l'artiste. Pour édifier ce monument, on n'a eu qu'à prendre ses propres chefs-d'œuvre, ceux que nous négligeons sur une terrasse de jardin public ou à une hauteur ridicule au-dessus de portes où ils ne sont pas vus. Grâce à l'enthousiaste générosité de M. Walters, collectionneur des plus belles épreuves connues, sur une des places de Baltimore sont érigés le *Lion au serpent* et les quatre groupes du Carrousel. Le musée de Washington est également riche en bronzes de Barye, beaucoup plus riche que notre musée national, qui ne possède de lui que deux œuvres.

Contentons-nous de signaler la leçon qui nous est donnée, sans entrer dans des développements auxquels notre amour-propre n'aurait pas à gagner.

Il y a une leçon plus haute et plus salutaire encore. C'est celle qui se dégage de l'étude de cet homme et de son œuvre.

Un point de départ humble et presque défavorable ; pour armes, dans le rude combat de la vie et de la pensée, rien que la volonté et l'amour ardent de la nature : c'en est assez pour triompher. Après les plus rebutants, mais aussi les plus profitables apprentissages, l'artiste peu à peu se dégage de l'ouvrier. Une fois que cet artiste n'a plus à se préoccuper d'aucune difficulté technique, et qu'il n'a plus d'autre souci que celui de concevoir, commence une vie de fertile recueillement. Le cerveau est puissant, maître toujours de lui-même, à lui-même toujours égal. Chaque œuvre nouvelle, depuis le plus petit animal de bronze, jusqu'à la plus grande figure de pierre, est imprégnée d'autorité, bâtie de certitude. Barye est un producteur en quelque sorte olympien : tout ce qu'il dit brave la discussion, tout ce qu'il termine est impeccable. Ce qu'il a voulu exprimer, il l'exprime juste comme il l'avait voulu, sans une défaillance, sans une obscurité. C'est-à-dire la souveraine difficulté en matière d'art : ne pas aller au delà de sa pensée, ne pas rester en deçà. Cet imperturbable calme, surtout quand on connaît les amertumes secrètes de cette vie, bien capables de le troubler à jamais chez tout autre homme, a quelque chose qui effraie quand on y réfléchit. Un peu la sensation qu'on éprouve en se penchant au-dessus de ces grands lacs que rien ne ride, et qu'on devine sans fond. Mais ce qu'il importe de bien faire ressortir, c'est que ce calme de Barye est fait d'une souveraine indépendance : il va toujours droit devant lui sans s'occuper de rien, ni de ce qu'on dit de lui, ni de ce qu'on fait autour de lui, ni même, en dépit de quelques réminiscences apparentes, de ce qu'on a fait avant lui.

En un mot, Barye est un émancipé tranquille.

Quant à son cadre, au choix de ses sujets, à leurs dimensions d'exécution, ce sont choses dont il n'a de compte à rendre à personne. Insister sur les légitimes regrets que peut causer l'absence de plus grands travaux est s'exposer aussi à méconnaître tout ce qu'il y a de véritable grandeur dans ses pièces les plus petites. Vérité que Victor Hugo a fait tenir, en maître ouvrier et en maître penseur, dans ces deux vers :

La miette de Cellini
Vaut le bloc de Michel-Ange.

La méthode de travail, enfin, à méditer souvent. Travail continu d'observations et de comparaisons ; conscience extrême qui fait qu'on ne laisse rien parvenir au public d'à moitié satisfaisant.

Il semble, quand on a donné les détails les plus circonstanciés sur les procédés, sur les études spéciales, sur les mille ressources du métier, qu'on n'ait encore rien dit. Une chose resterait à expliquer et à analyser : la passion, l'émotion, c'est-à-dire l'inexplicable.

BIBLIOGRAPHIE ET CATALOGUE

BIBLIOGRAPHIE

L'Artiste, t. V. Étude anonyme sur Barye.

ALEXANDRE DUFAÏ : *Galerie de la Presse, de la Littérature et des Beaux-Arts* (publiée par Philipon en 1840).

GUSTAVE PLANCHE, *Barye*. (*Revue des Deux-Mondes*, juillet 1851.)

THÉOPHILE SILVESTRE, *Histoire des Artistes vivants* (1855).

THÉOPHILE GAUTIER : *l'Illustration*, année 1866.

PAUL MANTZ : *Gazette des Beaux-Arts*, février 1867.

GENEVAY : *l'Art*; 1875. Étude reproduite en tête du catalogue de l'Exposition de Barye à l'École des Beaux-Arts (novembre 1875).

J. CLARETIE, *Peintres et Sculpteurs contemporains* (1re série, 6e livraison, 1882).

DE CHAMPEAUX, *Dictionnaire des Fondeurs*, article *Barye*. Paris, à la librairie de l'Art.

EDMOND DE GONCOURT, *Un Mot*, préface du catalogue de la vente Sichel (février 1886), imprimerie Ménard.

TH. CHILD : *the Harper's Monthly*, New-York, septembre 1885.

H. ECKFORD : *the Century*, New-York, février 1886.

Études et articles divers de MM. Eugène Véron, dans *l'Art*; Clément, dans le *Journal des Débats*, novembre 1875, etc., etc.

H. DELABORDE. — JULES THOMAS. Éloges académiques.

ICONOGRAPHIE

JEAN GIGOUX. Lithographie publiée dans *l'Artiste*.

TRIMOLET. Portrait à la plume, gravé par Villeminot (vers 1848).

FLAMENG. Portrait gravé en taille-douce pour la notice de Th. Silvestre.

MOUILLERON. Gravure sur bois pour l'article de Th. Gautier (*l'Illustration*, 1866).

FRANÇAIS. Croquis à la mine de plomb. (Appartient à M. H. Duménil).

MOULIN. Buste, bronze.

GEOFFROY DECHAUME. Buste, plâtre. — Médaillon, plâtre.

CARPEAUX. Croquis à la plume, exécuté pendant une séance du jury de l'Exposition.

MASSARD. Eau-forte pour la livraison des *Peintres contemporains*, de J. Claretie.

BONNAT. Portrait, peinture (Exécuté après la mort de Barye.)

CATALOGUE SOMMAIRE

I. — *Pièces de grande dimension, monuments publics* [1].

Tigre dévorant un crocodile. Musée du Louvre. — Lion au serpent. Jardin des Tuileries, terrasse du bord de l'eau. — Lion. Bas-relief de la colonne de Juillet,

1. Pour les œuvres de début, voir le chapitre Ier.

place de la Bastille. — Lion au repos. Guichet du pavillon de Flore, sur le quai; le lion qui est à la droite du spectateur doit être seul considéré comme étant de Barye. — La Guerre, la Paix, la Force, l'Ordre, quatre groupes en pierre. Pavillons Denon et Richelieu, cour du Carrousel. — Napoléon Ier dominant l'Histoire et les Arts. Cour du Carrousel, fronton du pavillon Sully. — Statue équestre de Napoléon Ier. Monument d'Ajaccio.—Deux figures de jeunes hommes représentant des fleuves, encadrant actuellement le groupe de Mercié. Guichet de la cour du Carrousel. — Sainte Clotilde, statue en marbre. Chapelle dans l'église de la Madeleine. — Tigre dévorant un cerf de Virginie. Musée de Lyon. — Deux figures de tigres dévorant un cerf; deux figures de lions, l'un dévorant un sanglier, l'autre une antilope. Devant le Musée de Marseille.

II. — *Bronzes. (Figures.)*

Surtout du duc d'Orléans : chasses, neuf pièces. — Le Duc d'Orléans, buste. — Le Général Bonaparte. — Amazone, costume de 1830. — Gaston de Foix. — Charles VI dans la forêt du Mans. — Charles VII. — Guerrier tartare arrêtant son cheval. — Deux cavaliers arabes tuant un lion. — Cavalier du Moyen-Age. — Cavalier arabe tuant un sanglier. — Cavalier arabe tuant un lion. — Cavalier surpris par un serpent. — Éléphant monté par un Indien, écrasant un tigre. — Guerrier du Caucase. — Piqueur, costume Louis XV. — Paysan du Moyen-Age. — Angélique et Roger. — Les Grâces. — Néréide arrangeant son collier. — Minerve. — Apollon, bronze unique. — Junon. — Thésée combattant le Minotaure. — Centaure et Lapithe. — Thésée combattant le centaure Biénor; variante du précédent.

III. — *Bronzes. (Animaux.)*

Singe monté sur un gnou. — Ours renversé par des chiens de grandes races. — Ours fuyant les chiens. — Deux jeunes ours se battant. — Ours monté sur un arbre, mangeant un hibou. — Ours debout. — Ours assis. — Ratel dénichant des œufs. — Lévrier couché. — Tom, grand lévrier d'Algérie. — Levrette apportant un lièvre. — Braque en arrêt sur un faisan. — Épagneul et braque en arrêt sur des perdrix. — Épagneul en arrêt sur un faisan. — Basset assis. — Basset debout. — Basset anglais. — Loup tenant un cerf à la gorge. — Loup délaissant une proie. — Loup pris au piège. — Deux jeunes lions se battant. — Lion tenant un guib. — Lion dévorant une biche. — Lion au serpent, petite esquisse du Lion des Tuileries. — Lion assis. — Lionne du Sénégal. — Lionne d'Algérie. — Lion qui marche. — Tigre qui marche. — Lion qui marche, nouveau modèle. — Tigre qui marche, nouveau modèle. — Tigre surprenant une antilope. — Panthère saisissant un cerf. — Tigre surprenant un cerf. — Tigre dévorant une gazelle. — Panthère couchée. — Panthère de l'Inde. — Panthère de Tunis, nos 1-2. — Panthère surprenant un zibet. — Panthère tenant un cerf muntjac. — Jaguar dévorant un lièvre. — Jaguar qui marche. — Jaguar debout. — Jaguar tenant un caïman. — Jaguar dévorant un agouti. — Jaguar dormant. — Jaguar dévorant un crocodile. — Ocelot emportant un héron. — Chat. — Lapin. — Lièvre assis. — Lièvre effrayé. — Éléphant écrasant un tigre. — Éléphant de la Cochinchine. — Éléphant du Sénégal. — Éléphant d'Asie. — Éléphant d'Afrique. — Cheval surpris par un lion. — Cheval pur sang. — Cheval demi-sang. — Cheval demi-sang, tête baissée. — Cheval turc. — Cheval percheron. — Hémione. — Dromadaire d'Algérie, nos 1-2. — Dromadaire harnaché d'Égypte. — Dromadaire monté par un Arabe. — Chameau de la Perse. — Élan surpris par un lynx. — Famille de daims. — Cerf dix-cors terrassé par un lévrier d'Écosse. — Cerf de France qui marche. — Cerf de France au repos. — Cerf aux écoutes. — Cerf qui brame. — Cerf la jambe levée. — Famille de cerfs. — Cerf dépouillant ses bois contre un arbre. — Axis. — Cerf de Java. — Cerf axis. — Cerf du Gange. — Cerf de Virginie. — Bouquetin mort. — Gazelle d'Éthiopie. — Kevel. — Taureau. — Taureau cabré saisi par un tigre. — Taureau terrassé par un ours. — Petit taureau. — Buffle. — Sanglier blessé. — Aigle tenant un héron. — Aigle les ailes étendues. — Aigle tenant un serpent. — Perruche sur un arbre. — Faisan ordinaire. — Faisan blessé. — Faisan doré de la Chine. — Cigogne sur une tortue. — Hibou. — Marabout. — Tortue. — Crocodile. — Crocodile dévorant une antilope. — Serpent python avalant une biche. — Serpent python étouffant un crocodile. — Le Lion du Zodiaque, bas-relief. Réduction du Lion de la Bastille. — Léopard, bas-relief. — Panthère, bas-relief. — Genette emportant un oiseau, bas-relief. — Cerf de la Virginie, bas-relief. — Daim. — Daine et faon. — Daine couchée. — Biche couchée. — Faon de cerf. — Lapins groupés. — Élan surpris par un lynx. — Serpent python saisissant un gnou à la gorge. — Tigre dévorant une antilope. — Cheval attaqué par un tigre. — Daim terrassé par trois lévriers d'Algérie. — Daim renversé par deux lévriers. — Lion dévorant un sanglier. — Ours assis. — Faisan sur un arbre. — Gazelle morte. — Ours dans son auge. — Panthère couchée tenant une gazelle. — Tête de chimpanzé.

IV. — *Bronzes. (Art décoratif.)*

Brûle-parfums décoré de chimères. — Candélabre antique, à trois lumières. — Candélabre racine de pavot, feuilles et fruits, serpent à la tige. — Candélabre décoré de groupes d'animaux. — Flambeau pied de faune. — Flambeau grec. — Flambeau décoré de clochettes et de feuillages. — Flambeau bout de table. — Bougeoir feuilles de lierre. — Bougeoir feuilles de vigne. — Bougeoir clochettes. — Flambeau pieds de faune avec serpent à la tige. — Garde-feu antique. — Garde-feu décoré de deux aigles et d'un crocodile. — Encrier surmonté d'un hibou. — Coupe concave à pieds de faune. — Coupe Renaissance.

V. — *Esquisses diverses.*

CIRES.

Cheval anglais. — Cheval. — Cheval percheron — Figure maîtrisant un cheval. — Renommée, figure équestre. — César, figure équestre. — Figure nue : Homme. — Figure nue : Femme. — Général Marceau. — Figure antique. — Figure. — Hercule étouffant un lion. — Caracal couché sur une branche d'arbre. — Tigre couché. — Tigre couché en sphinx. — Tigre en fureur. — Tigre saisissant un pélican. — Tigre saisissant un paon. — Ours sur un arbre. — Girafe. — Grive. — Marabout. — Femme couchée (esquisse pour une pomme de canne).

TERRES CUITES.

Cheval surpris par un jaguar. — Taureau renversé par un lion. — Jaguar renversant un antilope. — Ours renversant un daim. — Sanglier attaqué par un tigre. — Jaguar. — Buste de Napoléon Ier. — Tigre et cheval combattant. — Cheval attaqué par un tigre. — Saint Sébastien. — Figure couchée.

VI. — *Peintures.*

Lion mangeant. Haut., 10 c.; larg., 20 c. — Lion dévorant un sanglier. Haut., 19 c.; larg., 24 c. — Forêt de Fontainebleau. Haut., 23 c.; larg., 32 c. — Forêt de Fontainebleau : Jean de Paris. Haut., 25 c ; larg., 31 c. — Intérieur de forêt. Haut., 23 c.; larg., 32. — Forêt de Fontainebleau. Haut., 25 c.; larg., 31 c. — Forêt de Fontainebleau. Haut., 25 c.; larg., 32 c. — Forêt de Fontainebleau : Point de vue des gorges d'Apremont. Haut., 16 c.; larg., 31 c. — Intérieur de forêt. Haut., 25 c.; larg., 30 c. — Cerf bramant. Haut., 24 c.; larg., 33 c. — Étude de cerf. Haut., 24 c.; larg., 33 c. — Boa enlaçant un chevreuil. Haut., 24 c ; larg., 33 c. — Intérieur de forêt : Cerf et biches. Haut., 20 c.; larg., 32 c. — Couguar guettant un oiseau. Haut., 25 c.; larg., 31 c. — Forêt de Fontainebleau : Coucher de soleil. Haut., 19 c.; larg., 29 c. — Tigre au repos. Haut., 25 c.; larg., 32 c. — Cerf dans les bois. Haut., 26 c.; larg., 35 c. — Intérieur de forêt : Cerf. Haut., 30 c.; larg., 39 c. — Jaguar marchant. Haut., 38 c.; larg., 46 c. — Tigre au repos. Haut., 25 c.; larg., 32 c. — Lionnes au repos. Haut., 39 c ; larg., 49 c. — Lion. Haut., 32 c.; larg., 42 c. — Tigre dormant. Haut., 32 c.; larg., 42 c. — Lion en arrêt contre un serpent boa. Haut., 32 c.; larg., 40 c. — Intérieur de forêt : Biches. Haut., 26 c.; larg., 44 c. — Tigre au repos. — Haut., 25 c ; larg., 33 c. — Forêt de Fontainebleau : le Bodmer. Haut., 32 c.; larg., 25 c. — Intérieur de forêt : Biches. Haut., 23 c.; larg., 31 c. — Le Christ mort dans les bras de Dieu le Père. Haut , 24 c.; larg., 25 c. — Combat de cerfs. Haut., 25 c.; larg., 31 c. — Couguar dévorant une biche. Haut., 26 c.; larg., 33 c. — Tigre au repos. Haut., 24 c.; larg., 32 c. — Intérieur de forêt : Cerf dix-cors. Haut., 26 c.; larg., 35 c. — Cerf et biche. Haut., 27 c.; larg., 32 c. — Forêt de Fontainebleau : Rochefort. Haut., 25 c.; larg., 36 c. — Intérieur de forêt : Biche courant. Haut., 27 c.; larg., 35 c. — Intérieur de forêt : Biches. Haut., 25 c.; larg., 31 c. — Forêt de Fontainebleau. Haut., 19 c.; larg., 39 c. — Intérieur de forêt : Biches au repos. Haut., 27 c.; larg., 35 c. — Forêt de Fontainebleau. Haut., 30 c.; larg., 39 c. — Combat de tigres. Haut., 50 c.; larg., 61 c. — Tigre au repos. Haut., 49 c.; larg., 1 m. 15 c. — Études d'animaux d'après les maîtres anciens. — Une dizaine d'études d'après les maîtres. — Deux portraits de ses filles dans la manière des Vénitiens. — Enfin, nombreuses études de la forêt de Fontainebleau. (Environ soixante.)

VII. — *Aquarelles.*

Tigre au repos. Haut., 20 c ; larg., 30 c. — Lion dévorant une proie. Haut., 19 c.; larg., 27 c. — Tigre couché. Haut., 17 c.; larg., 27 c. — Guépard marchant. Haut., 18 c.; larg., 26 c. — Lionne dévorant une gazelle. Haut., 17 c.; larg., 27 c. — Cheval ; Intérieur de forêt. Haut., 10 c.; larg., 15 c. — Serpent enroulé. Haut., 10 c.; larg., 21 c. — Serpent enroulé. Haut., 10 c.; larg., 15 c. — Tigre dévorant un homme. Haut., 15 c.; larg., 25 c. — Biche couchée. Haut., 19 c.; larg., 38 c. — Lion. Haut., 23 c.; larg., 37 c. — Deux Chats sauvages. Haut., 25 c.; larg., 32 c. — Tigre. Haut., 26 c.; larg., 34 c. — Crocodiles. Haut., 27 c.; larg., 37 c. — Sanglier. Haut., 26 c.; larg., 35 c. — Panthère noire. Haut., 25 c.; larg., 31 c. — Buffles. Haut., 18 c.; larg., 36 c. — Chevaux morts. Haut., 26 c.; larg., 35 c. — Jeune Lion. Haut., 27 c.; larg., 35 c. — Jaguar s'élançant. Haut., 25 c.; larg., 31 c. — Jaguar dévorant une biche. Haut., 24 c.; larg., 30 c. — Tigre jouant. Haut., 30 c.; larg., 31 c. — Caracal mangeant un faisan. Haut., 25 c.; larg., 32 c. — Caracal mangeant un oiseau. Haut., 23 c.; larg., 31 c. — Couguar. Haut., 25 c.; larg., 34 c. — Éléphants. Haut., 24 c.; larg., 32 c. — Tigre se roulant. Haut., 26 c.; larg., 31 c. — Cerf et biche. Haut., 22 c.; larg., 30 c. — Jaguar mangeant. Haut., 22 c.; larg , 34 c. — Jaguar mangeant. Haut., 25 c.; larg., 32 c. — Lion rugissant. Haut., 25 c.; larg , 31 c. — Arabe attaqué par une lionne. Haut., 25 c.; larg., 21 c. — Lionne dormant. Haut., 19 c ; larg., 28 c. — Lion. Haut., 19 c.; larg., 29 c.

— Lion sur le dos. Haut., 20 c.; larg., 29 c. — Lion sur le dos. Haut., 20 c.; larg., 29 c. — Paysage. (Ébauche.) Haut., 15 c.; larg., 26 c. — Lion et lionne. Haut., 16 c.; larg., 25 c. — Tigre jouant. Haut., 17 c.; larg., 26 c. — Serpent enroulé. Haut., 14 c.; larg., 21 c. — Paysage. (Ébauche.) Haut., 16 c.; larg., 25 c. — Vautour mangeant. Haut., 15 c.; larg., 21 c. — Gazelles couchées. Haut., 20 c.; larg., 27 c. — Cerf et biches aux aguets. Haut., 21 c.; larg., 29 c. — Buffles. Haut., 19 c.; larg., 28 c. — Biches au repos. Haut., 11 c.; larg., 21 c. — Biche. Haut., 21 c.; larg., 25 c. — Panthère noire à l'affût. Haut., 15 c.; larg., 20 c. — Tigre altéré. Haut., 29 c.; larg., 40 c. — Boa au repos. Haut., 31 c.; larg., 49 c. — Deux Lions au repos. Haut., 29 c.; larg., 46 c. — Boa au repos. Haut., 30 c.; larg., 50 c. — Ours. Haut., 29 c.; larg., 40 c. — Éléphant. Haut., 28 c.; larg., 39 c. — Lion marchant. Haut., 29 c.; larg., 40 c. — Biches au repos. Haut., 29 c.; larg., 40 c. — Cerfs et biches ; soleil couchant. Haut., 29 c.; larg., 40 c. — Couguar. Haut., 29 c.; larg., 40 c. — Éléphant monté par des Indiens; Chasse au tigre. Haut., 50 c.; larg., 70 c.— Éléphant monté par des Indiens; Chasse au tigre. Haut., 48 c.; larg., 64 c. — Tigre au repos. Haut., 39 c.; larg., 56 c. — Lion au repos. Haut., 39 c.; larg., 56 c. — Lion couché. Haut., 34 c.; larg., 51 c. — Tigre dévorant un cheval. Haut., 21 c.; larg., 31 c. — Chien lancé. Haut., 24 c.; larg., 32 c. — Lion au repos. Haut., 18 c.; larg., 28 c. — Tigre s'étirant. Haut., 18 c.; larg., 28 c. — Jaguar dévorant une gazelle. Haut., 17 c.; larg., 26 c. — Paysage. (Ébauche.) Haut., 16 c.; larg., 25 c. — Boa enroulé. Haut., 18 c.; larg., 25 c. — Tigre couché. Haut., 32 c.; larg., 50 c.

VIII. — *Lithographies.* — *Dessins.*

Cinq lithographies d'animaux. — Cerf et panthère, eau-forte. — Tigres et panthères, dessin. — Paysage, fusain. — Lion au repos, dessin. — Lions, tigre et chat sauvage, dessin. — Tigres et lionne, dessin. — Figures de femmes, dessin. — Cerfs et chevaux, dessin. — Lions et tigre, dessin.— Taureau, zèbres; dessin.— Éléphants, dessin. —Vautours, cigogne; dessin. — Taureaux, dessin. — Aguar aux aguets, fusain. — Éléphant monté par des Indiens, chasse au tigre; dessin.— Paysage, fusain.— Combat de tigres, dessin. — Cerfs, dessin. — Jaguar dévorant une gazelle, fusain. — Cerfs, dessin. — Paysage, fusain. — Lions et tigres, dessin. — Tigres, dessin. — Lions, tigres et panthères, dessin. — Tigres, éléphants, panthères, etc.; dessin. — Tigres, panthères et jaguar, dessin. — Tigre au repos, dessin. — Cheval, dessin. — Serpents, dessin. — Tigres et lion, dessin. — Éléphants, taureaux et serpents, dessin. — Cerfs, dessin. — Tigre, lion et vautours, dessin. — Série d'animaux, dessin. — Lions, tigres et jaguar, dessin. — Tigres, dessin. — Paysage, fusain. — Sangliers, lions, hyènes; dessin. — Lions et lionnes, dessin. — Tigre jouant, dessin. — Tigres, panthères, lions, ours; dessin. — Série d'animaux, dessin. — Tigres et animaux, dessin. — Lions et tigres, dessin. — Éléphants, dromadaire, tigres; dessin. — Cerfs et biches, dessin. — Lions et panthères, dessin. — Cerfs et biches, dessin. — Lions, jaguars, chat sauvage; dessin. — Lions et tigres, dessin. — Panthère, dessin. — Lion couché, dessin.

TABLE DES GRAVURES

FIN DE LA TABLE DES GRAVURES

TABLE DES MATIÈRES

CHAPITRE VII

FIN DE LA TABLE DES MATIÈRES

Paris. — Imp. de l'Art. E. Ménard et Cie, 41, rue de la Victoire.

LES ARTISTES CÉLÈBRES

BIOGRAPHIES, NOTICES CRITIQUES ET CATALOGUES

PUBLIÉS SOUS LA DIRECTION DE

M. EUGÈNE MÜNTZ

OUVRAGES PUBLIÉS :

Donatello, par M. Eugène MUNTZ. Ouvrage illustré de 48 gravures. Prix : broché, 5 fr.; relié, 8 fr.; 100 exemplaires numérotés sur Japon, avec double suite de gravures, 15 fr.

Fortuny, par M. Charles YRIARTE. Ouvrage illustré de 17 gravures. Prix : broché, 2 fr.; relié, 4 fr. 50; 100 exemplaires numérotés sur Japon, avec double suite de gravures, 4 fr. 50.

Bernard Palissy, par M. Philippe BURTY. Ouvrage illustré de 20 gravures. Prix : broché, 2 fr. 50; relié, 5 fr.; 100 exemplaires numérotés sur Japon, avec double suite de gravures, 6 fr.

Jacques Callot, par M. Marius VACHON. Ouvrage illustré de 51 gravures. Prix : broché, 3 fr.; relié, 6 fr.; 100 exemplaires numérotés sur Japon, avec double suite de gravures, 7 fr. 50.

Pierre-Paul Prud'hon, par M. Pierre GAUTHIEZ. Ouvrage illustré de 34 gravures. Prix : broché, 2 fr. 50; relié, 5 fr.; 100 exemplaires numérotés sur Japon, avec double suite de gravures, 6 fr.

Rembrandt, par M. Émile MICHEL. Ouvrage illustré de 41 gravures. Prix : broché, 5 fr.; relié, 8 fr.; 100 exemplaires numérotés sur Japon, avec double suite de gravures, 15 fr.

François Boucher, par M. André MICHEL. Ouvrage illustré de 44 gravures. Prix : broché, 5 fr.; relié, 8 fr.; 100 exemplaires numérotés sur Japon, avec double suite de gravures, 15 fr.

Édelinck, par M. le Vicomte Henri DELABORDE. Ouvrage illustré de 34 gravures. Prix : broché, 3 fr. 50; relié, 6 fr. 50; 100 exemplaires numérotés sur Japon, avec double suite de gravures, 10 fr. 50.

Decamps, par M. Charles CLÉMENT. Ouvrage illustré de 57 gravures. Prix : broché, 3 fr. 50; relié, 6 fr. 50; 100 exemplaires numérotés sur Japon, avec double suite de gravures, 10 fr.

Phidias, par M. Maxime COLLIGNON. Ouvrage illustré de 45 gravures. Prix : broché, 4 fr. 50; relié, 7 fr. 50; 100 exemplaires numérotés sur Japon, avec double suite de gravures, 12 fr.

Henri Regnault, par M. Roger MARX. Ouvrage illustré de 40 gravures. Prix : broché, 4 fr.; relié, 7 fr.; 100 exemplaires numérotés sur Japon, avec double suite de gravures, 12 fr.

Jean Lamour, par M. Charles COURNAULT. Ouvrage illustré de 26 gravures. Prix : broché, 1 fr. 50; relié, 4 fr.; 100 exemplaires numérotés sur Japon, avec double suite de gravures, 4 fr.

Fra Bartolommeo della Porta et Mariotto Albertinelli, par M. Gustave GRUYER. Ouvrage illustré de 21 gravures. Prix : broché, 4 fr.; relié, 7 fr.; 100 exemplaires numérotés sur Japon, avec double suite de gravures, 12 fr.

La Tour, par M. CHAMPFLEURY. Ouvrage illustré de 15 gravures. Prix : broché, 4 fr.; relié, 7 fr.; 100 exemplaires numérotés sur Japon, avec double suite de gravures, 12 fr.

Le Baron Gros, par M. G. DARGENTY. Ouvrage illustré de 25 gravures. Prix : broché, 3 fr. 50; relié, 6 fr. 50; 100 exemplaires numérotés sur Japon, avec double suite de gravures, 10 fr.

Philibert de L'Orme, par M. Marius VACHON. Ouvrage illustré de 34 gravures. Prix : broché, 2 fr. 50; relié, 5 fr.; 100 exemplaires numérotés sur Japon, avec double suite de gravures, 6 fr.

Joshua Reynolds, par M. Ernest CHESNEAU. Ouvrage illustré de 18 gravures. Prix : broché, 3 fr.; relié, 6 fr.; 100 exemplaires numérotés sur Japon, avec double suite de gravures, 7 fr. 50.

Ligier Richier, par M. Charles COURNAULT. Ouvrage illustré de 22 gravures. Prix : broché, 2 fr. 50; relié, 5 fr.; 100 exemplaires numérotés sur Japon, avec double suite de gravures, 6 fr.

Eugène Delacroix, par M. Eugène VÉRON. Ouvrage illustré de 40 gravures. Prix : broché, 5 fr.; relié, 8 fr.; 100 exemplaires numérotés sur Japon, avec double suite de gravures, 15 fr.

Gérard Terburg, par M. Émile MICHEL. Ouvrage illustré de 34 gravures. Prix : broché, 3 fr.; relié, 6 fr.; 100 exemplaires numérotés sur Japon, avec double suite de gravures, 7 fr. 50.

Gavarni, par M. Eugène FORGUES. Ouvrage illustré de 23 gravures. Prix : broché, 3 fr.; relié, 6 fr.; 100 exemplaires numérotés sur Japon, avec double suite de gravures, 7 fr. 50.

Velazquez, par M. Paul LEFORT. Ouvrage illustré de 34 gravures. Prix : broché, 5 fr. 50; relié, 8 fr. 50; 100 exemplaires numérotés sur Japon, avec double suite de gravures, 16 fr. 50.

Paul Véronèse, par M. Charles YRIARTE. Ouvrage illustré de 43 gravures. Prix : broché, 3 fr. 50; relié, 6 fr. 50; 100 exemplaires numérotés sur Japon, avec double suite de gravures, 12 fr.

Van der Meer, par M. Henry Havard. Ouvrage illustré de 9 gravures. Prix : broché, 1 fr. 50; relié, 4 fr.; 100 exemplaires numérotés sur Japon, 4 fr.

François Rude, par M. Alexis BERTRAND. Ouvrage illustré de 29 gravures. Prix : broché, 4 fr. 50; relié, 7 fr. 50; 100 exemplaires numérotés sur Japon, 12 fr.

Turner, par Philip Gilbert HAMERTON. Ouvrage illustré de 20 gravures. Prix : broché, 3 fr. 50; relié, 6 fr. 50; 100 exemplaires numérotés sur Japon, 10 fr.

EN PRÉPARATION

Les Audran, par M. Georges DUPLESSIS.
Les Boulle, par M. Henry HAVARD.
Andrea del Sarto, par M. Paul MANTZ.
Viollet-le-Duc, par M. DE BAUDOT.
Mino da Fiesole, par M. COURAJOD.
Corot, par M. Albert WOLFF.
Botticelli, par M. Georges LAFENESTRE.
Jordaens, par M. Paul LEROI.
Puget, par M. DE MONTAIGLON.
John Constable, par M. Robert HOBART.
Le Corrège, par M. André MICHEL.
Kaulbach, par M. GRAND-CARTERET.
Mme Vigée-Lebrun, par M. Charles PILLET.
Coysevox, par M. DE LÉRIS.

Paris — Imprimerie de l'Art. E. MÉNARD et Cie, 41, rue de la Victoire.

www.ingramcontent.com/pod-product-compliance
Ingram Content Group UK Ltd.
Pitfield, Milton Keynes, MK11 3LW, UK
UKHW021102260726
13994UKWH00002B/660